U0071109

往矣集

周佛海回憶錄

周佛海 原著／蔡登山 編

周佛海及其回憶錄《往矣集》

蔡登山

在汪偽政權中，汪精衛自然是第一號頭子，陳公博後來做了汪的繼承人，應列為第二號頭目；除此而外，就要數第三號人物周佛海了。周佛海在汪偽時期，有三個顯赫的職位，一是偽行政院副院長兼偽財政部長；二是偽中央儲備銀行總裁；三是偽上海市長。上海市長原是陳公博兼任的，但到了汪精衛死後，陳公博要接任偽行政院長兼代國民政府主席，於是上海市長這個肥缺，便落在周佛海身上，周佛海此時要錢有用不盡的錢，論勢有擺不完的權和勢，他呼風喚雨，權勢顯赫一時。陳公博雖是名義上的領袖，但實權完全掌握在周佛海的手上。即使在汪精衛還在的時候，周佛海除掌握著汪偽政權的財政權及警察權，乃至軍事幹部的人事權而外，據他所寫的民國二十九年的日記，汪偽政權成立時的一切重要官員，皆由他開列名單，交汪認可發表的，真可謂一人之下，眾人之上啊！

周佛海（一八九七—一九四八），湖南沅陵人，家境貧寒，肄業於沅陵辰郡聯合中學，因事革退，旋東渡日本。民國七年九月考入日本第一高等學校預科，照例取得湖南省的官費支給。民國八年九月，轉入第七高等學校，當時蘇俄共產黨人布哈林所寫的書刊，在日本很流行，周佛海受其影響，乃嚮往社會主義。民國九年七月，他返鄉省母，八月，參加陳獨秀在上海籌組的共產黨組織。民國十年三月，從第七高等學校畢業，同年四月，考入日本京都帝國大學經濟學部。當時日本著名的馬克思主義學者河上肇，就是該校經濟學部的主任教授。民國十年七月，以留日代表資格，出席中國共產黨第一次全國代表大會，「一全大會」任陳獨秀為總書記，周佛海副之，與陳公博、張國燾、包惠僧等，成為中共的主幹人物。同年十一月回日，繼續學業。

民國十三年，他休學一年，五月，返回廣東任國民黨宣傳部（部長戴季陶）秘書兼廣州中山大學教授，主講經濟學。九月，脫離共產黨，其後與中山大學教授謝瀛洲、黃季陸等刊行《社會評論》。民國十四年十一月，辭職赴滬，後轉日本，繼續學業。民國十五年三月，畢業於日本京都帝國大學經濟學部。旋即返國，應武昌商科大學校長郭泰祺之聘，任該校教務長。稍後南下，任武昌軍事政治學校秘書長兼政治部主任。四月，辭軍校秘書長職；五月十八日，周佛海自武漢潛赴上海，他在船上撰寫一篇〈逃出了赤都武漢〉的文章，擬到上海後送交報紙發表，表明他反共的立場，藉以洗刷共產黨份子的嫌疑。不料他一上岸，即被上海警備部捉去了！後經雷嘯岑（馬五）通知周妻楊淑慧，楊淑慧次晨快車趕赴南京找邵力子，由邵轉報蔣總司令，急電楊虎、陳群，著即押解周佛海來京訊究，不得違誤，如此楊、陳二人自不便私自處置。不久，周佛海即告省釋，且被派任為南京中央陸軍軍官學校政治教官，嘗一度隨戴季陶任職廣州中山大學，同年反滬。民國十七年一月，與戴季陶、邵力子、陳果夫、陳布雷在上海發行《新生命月刊》，又創辦「新生活書店」，出版叢書。周佛海在社會上嶄露頭角，蜚聲黨政與文教界，就是由「新生活書店」出版的那本《三民主義之理論的體系》宣傳作品開始的，當時風行全國，曾列為各大學用書。

民國十八年南京中央大學特設「三民主義」講座，挽請戴季陶主講，他講了一學期，改推周佛海去繼續講課，周佛海滔滔雄辯，深得學生的歡迎。民國十九年初夏，發生中原大戰，周佛海以總司令部訓練主任，隨同蔣總司令出發到前線。民國二十年十二月，任江蘇省政府委員兼教育廳長。民國二十六年任委員長侍從室副主任兼第五組（研究）組長。民國二十七年八月，辭江蘇省教育廳長，同年任中央黨部宣傳部副部長、代理部長。並兼「藝文研究社」總幹事。

周佛海作為蔣介石的「文膽」之一，與邵力子、陳布雷、陳立夫等一起參與機要，起草公文，頗得蔣介石的信任。抗戰爆發後，他出任蔣介石侍從室副主任兼第五組組長，國民黨中央宣傳副部長、代理部長等職，可算委以重任。但與其野心相比，自然感覺「很不得意」。據其子周幼海（之友）的回憶，他對兒子說過：「我在重慶很不得意。自從脫離共產黨後，我當過國民黨政訓處處長，也當過江蘇省教育廳廳長，現在當國民黨宣傳副部長，和國民黨中統關系也深，但始終沒有什麼作為。因此，我決心同汪先生一道出來，從另外一條道來解決中國的問題。」可以說，周佛海的賣國，首先是追求自己政治上的野心。

當時「藝文研究社」諸幹部份子，自周佛海以次皆聚集渝洲，他們常在一起座談國事，兼及共黨問題，號稱「低調俱樂部」，而指「抗戰必勝，建國必成」的口號為高調。他們認為對外戰爭時期愈久，共黨發展的機會即愈多，內憂將隨外患而激增，國家前途殊屬可慮。加以國際形勢亦對我諸多不利，這群書生之見的長衫朋友，乃漸漸地喪失了抗戰的勇氣，恰有國民黨副總裁汪精衛蓄意倡導和平運動，而日本內閣又聲明不以重慶為和談對象，於是一拍即合，這便是周佛海甘心附逆的主因。

到了一九四一年珍珠港事變爆發後，周佛海即警覺日本的勝算已告渺茫，汪偽政權的前途日趨黯淡了。於是，他首先和戴笠取得聯繫，決心輸誠中樞，軍統局派在上海的地下工作人員和無線電臺，都是藏匿在周佛海的上海住宅內。抗戰勝利後，戴笠勸他和羅君強等人，不妨暫時離開上海，藉避耳目，於是戴笠準備一架專機，將其一干人載到重慶，住在磁器口，生活很安詳。不久，戴笠（雨農）墜機殞命了，一九四六年初，周佛海由重慶被押解回南京，十月，南京高等法院處以死刑。一九四七年三月，獲蔣介石特赦，改判無期徒刑，關在南京老虎橋監獄。據馬五去探監說，周佛海對自己判刑這回事，毫無怨言，只說「雨農一死，我就知道不妙了，因為我的一切經過情形，唯有雨農最清楚，他才能夠為我作有力的證明呵。」易君左也先後去探監兩次，他說：「不久，我再同楊淑慧看過周佛海一次，佛海已口不能言，病倒在草薦上，黑黝黝一片。我看見這情形，心裏覺得很難過，我帶來的幾本新畫報，佛海也不能看了，於是只好黯然的出來，這是我最後一次見周佛海。可憐楊淑慧為著丈夫的生命，典盡賣絕，求神問卜，四處奔走，磕頭作揖，瘦得不成人形。她曾邀我到一處『圓光』的所在，在一盆清水裏，由術者施法，口中唸唸有詞，經過相當時間，看見水盆裏依約有些影子，像是人影，一會兒又出現兩隻眼睛似的，一會兒又出現一條腸子似的，術者說是病人的眼睛和腸子都有病，很難醫治。說也奇怪，周佛海本是患胃潰瘍，死時瞳孔放大。我因急於要回蘭州，只得和楊淑慧告別，我安慰她，希望她好好侍候丈夫的病。但是等我回到西北不久，就聽到周佛海已病死獄中的噩耗了。」

周佛海曾陸陸續續寫過一些回憶文章，刊載在《古今》等雜誌上，一九四三年由上海古今雜誌社結集出版為《往矣集》。內收〈汪精衛先生行實錄序〉、〈苦學記〉、

〈扶桑笈影溯當年〉、〈盛衰閱盡話滄桑〉、〈走火記〉、〈自反錄〉等篇。〈苦學記〉所記，主要是家世和幼年從學經歷。〈扶桑笈影溯當年〉所記，主要是他在日本的留學經歷，包括他發起組織共產黨的經歷。〈盛衰閱盡話滄桑〉記述回國後到抗戰爆發的從政歷程。串聯來看，可以周佛海的半生自傳視之。《古今》雜誌主編朱樸所作序言中稱，《往矣集》乃是《古今》雜誌所推出的《古今叢書》的第一種，收入者多是周佛海為雜誌所撰特稿，並稱：「在過去十數期的《古今》中，雖名作如林，無篇不精，但是讀者所最歡迎各方所最注意的，當推周佛海先生之作為第一。」但《古今》版的《往矣集》蒐集的並不完整，一九四四年周佛海的舊友金雄白又由他所主辦的上海《平報》為之增補續印，加入〈往矣集日譯本序〉、〈廣州之行〉、〈武漢追憶鱗爪〉、〈極樂寺〉諸篇，另有附錄部分：〈記周佛海先生〉、〈我與佛海〉、〈在日本的小家庭生活〉、〈讀往矣集〉，是最為完備的版本。

《往矣集》顧名思義，取自「往者已矣」，但其實更重要的意涵是下面那句話「來者可追」。周佛海的意思是過去的就讓它過去，未來的還可以及時追求的。這也是周佛海的騎牆式的作法，他眼見汪偽政權即將垮台之際，他又想靠攏國民政府，依此邏輯，推演後期周佛海和戴笠發生聯繫，並對忠義救國軍官多方掩護和接濟，都可以作為這一邏輯的事證，因此後來有人說，周佛海的《往矣集》，實在是他自己的一塊試金石。

在《往矣集》中，周佛海以「孤臣孽子」自命，大贊汪精衛有「『我不入地獄誰入地獄』的慈悲而勇毅的精神」，又為自己詭辯道：「尤其是我們現在所處的環境，正是周公恐懼流言、王莽謙恭下士的時候，是非未定，功罪難分。如果半途而廢，雖存周公之心，終成王莽之果，上何以對祖先，下何以對子孫！後世的批評，我們可以不必去管，流芳百世也好，遺臭萬年也好，無聲無臭，與草木同朽更好，『身後是非誰管得，滿村爭唱蔡中郎』，但是個人的是非，固然不必計較，國家的利害，卻不能不加考慮。自古孤臣孽子的用心，不在求諒於當時及後世，乃在使個人的苦心、努力和犧牲，實際有益於君父。所以現在距我們企求的目的，雖然道路崎嶇，關山險阻，但是救傾扶危的目的一日不達到，就是我們的責任一日未解除。一息尚存，此志不容稍懈，哪裏能夠因為人事滄桑之感，而改變鞠躬盡瘁死而後已的決心呢！」

在《往矣集》中，他袒露糾纏自己多年的無奈與虛無：「我一生的遭遇，總覺得都是命運的支配。我現在能夠有這樣地位，負這樣的責任，決不是我的聰敏才智說得到的結果，完全是僥倖。僥倖，就是命運。」「只要把從古到今的歷史，翻閱一遍，任何人都會感覺世事無常、人生靡定，而有盛衰興亡之感。」「自從國民革命以後，雖然只有十九年，卻親自經歷過許多突起突滅、時分時合、忽盛忽衰的悲劇和喜劇，令人啼笑皆非，悲喜莫是。在這樣起落不定的澎湃潮流中沉浮了十幾年，焉得不令人感覺得個人的事，無一不是空的，而發生消極之思呢？成固不足喜，敗亦何必憂。得固不足樂，失又何必悲。榮華富貴，權位利祿，轉眼皆空，何必勞形苦心於這些身外之物追求和爭奪呢！」

周佛海的言談風采，確不愧為一個書生本色，但從他一生的行跡而觀之，他卻是一個十足投機取巧的典型，不過他又具備了那一份投機取巧的機智。

目次

往矣集

附錄

《往矣集》日譯本序

周佛海

大陸新報把《往矣集》譯成日文出版，要我寫幾句話做序文，因此引起我不少的感想，特為拉雜寫出，聊當作日譯本的序。

《往矣集》的產生和銷行的迅速，都是出我意料之外的。朱樸之兄主辦《古今》半月刊，屢次催我作文，辭不得已寫成〈苦學記〉去應付。起初不過應付文債而已，決沒有把半生的盡力，完全追述出來的計劃和意思。嗣後仍經不起各友的催請，不期然而然的寫成了幾篇，然而仍舊沒有出單行本的意思。湊巧古今社要出叢書，樸之想把這幾篇文章，當做叢書第一種，印行單行本。他把這個意思，來和我商量，我便無可無不可的表示沒有異議。《往矣集》這個名詞，也是他取的。這本小冊子，就這樣的產生了。

出版之後，在一年之內，竟出到第八版。這雖然比不上民國十七年我出版《三民主義之理論的體系》時的盛況，但是在近數年來的出版界，也可以說是稀有的現象。假使國家統一，銷行的地區較廣的話，大概銷行的數目，比現在還要增加。這本小冊子，竟這樣受歡迎，也是出我意料之外的。

去年十一月在東京的時候，聽說我的朋友日本名記者吉岡文六氏，要把這本小冊子譯成日文，在東京日日新聞社出版，不知道究竟辦了沒有。本來《古今》半月刊每次發表我的文章時，上海大陸新報大概都譯成日文，逐日發表過了的。這次該報社把已經譯過的加以補充，出版單行本去應世。於是《往矣集》的日譯本也就此產生了。

《往矣集》的內容，不過就我個人半生的經歷，信手追述出來，附帶些感慨罷了。在我看起來，實在沒有甚麼意義，更談不到有甚麼價值，何以會為中外人士所愛讀，我自己實在不知道是甚麼原因。

根據我親自的經驗，深信一件事業的成功，固然要繫於時代、環境和機會等多方面的條件，但是人的努力，乃是各種條件中的基本條件。如果不知或者不去努力，就是處著好的時代，有著好的環境，遇著好的機會，也不知道因利乘便的去運用，白讓著順利的時機空空的過去。反過來說，如果知道而且肯去努力，不僅可以運用遭遇著的既存的順利時機，而且可以去創造，去轉變。所謂「英雄造時勢」，所謂「人定勝天」，就是這個道理。我的經歷中間，有三個過程，可以證明這個道理。

第一是共產黨的組織。共產黨的是非善惡，我們現在姑且不論。但是他已成為中國政治上、社會上的一種力量，卻是不可抹煞的事實。當民國九年我和陳仲甫及吳庭茨基在上海討論發起組織共產黨的時候，全國參加的，不到三十個人，而且都是手無寸鐵的書生。當時都不過僅憑血氣之勇，盲目蠻幹。那裏知道不到五年，便成功了一個很大的力量，雖然因為以後的領導方針錯誤，在中國釀成了許多破壞的行動，但是誰也不能不承認他是一種力量，是中國今後極難解決的一個問題。而其起原，就是二十幾個書生的蠻幹。

第二是北伐。民國十三四年的革命運動的內外環境，我在本冊內曾經述過。當時革命基礎，風雨飄搖，能夠維持廣州做革命的根據地，已經是很不容易的問題，那裏還想到能夠北伐，那裏還想到能夠北伐成功。然而在第三次東征和消滅楊劉以後，居然北伐了。居然於北伐軍興以後，不到三年，中國全國，就統一於中國國民黨的勢力之下了。當時軍閥的勢力，數十倍於革命勢力。他們有著優良的軍事裝備，雄厚的物質力量，和巨大的兵力。但是他們沒有苦鬥蠻幹的精神，所以雖然擁有這些雄厚的力量而不能運用。革命軍的物質的條件，雖然遠遜於軍閥，但是有著百折不撓、勇往直前的蠻幹精神。這種精神，可以補足物質的缺陷而有餘。所以能夠以寡克眾，以弱勝強。北伐完成之迅速，竟出當時預料之外。

第三是和平運動。慚愧得很，全面和平尚未完成，國家統一猶待努力，所以我們不能以為和平運動，已達到最後的成功。但是卻也不能說和平運動，絲毫沒有成就。我們要論和平運動有無成就，要先看看和平運動發生當時的中國內外的環境。和平運動，是發生於二十七年下半年的。當時廣州、武漢，相繼陷落，英美袖手旁觀，徒以道德的同情，精神的援助來慰藉。全國總崩潰的形勢，迫於眉睫。在這種情形之下，朝野上下，都希望能夠恢復盧溝橋事變以前的狀況，但是朝野上下，又都覺得這種希望，決不能實現。在當時的情形之下，誰夢想得到國民政府能夠還都，青天白日旗能夠再飄揚於紫金山下！誰夢想得到能夠取消治外法權，收回租界！誰夢想得到能夠辦到日本於和平成立，立即全部撤兵，甚至放棄辛丑條約所規定的華北駐兵權！在當時的情形之下，都認為決不能辦到的事，我們都辦到了！比恢復蘆溝橋事變前的狀況，還要進步了！假使我們退回到二十七年下半年當時和此後的地位，來觀察現在的情形，能夠說和平運動毫無成就嗎？至於後來國際形勢的變化，人不是神仙，誰能預料！所以說和平運動，未竟全功則可，說和平運動毫無成就，實在是抹煞事實的昧心之論。但是能夠得到這一點點小成就的和平運動，在當時發動的時候，實在不滿十人。以毫無憑藉的不滿十人，竟能做到現在這個局面，也可見得事在人為了。

根據個人所經歷的上述三個階段，足見一件事業的成敗，雖然也繫於時勢的順逆，環境的善惡，但是人的努力，卻是基本的因素。回顧過去，瞻念將來，今後的環境，恐怕要愈益惡劣，愈益危險；但是我們只要抱著「紮硬寨，打死仗」的決心，同時出以因時制宜的運用，我相信是無堅不摧，無險不克的。

閒著無事，也常把自己所寫的經過，拿來閱讀。這個半生，雖然也經歷了不少的崎嶇險阻，遭遇了不少的驚濤駭浪，但是能夠得到現在這個成就，已經是躊躇滿志了。我自己常常退回到窮苦學生的地位，思察現在我所處的境遇，在個人，實已心滿意足。因為在過去幾次偉大的運動之中，都能參加工作，在現在這樣危難的局面之下，又能為國家負一部分責任，決不是我始料所及的。就個人說，一直到現在止，既然可以說是有了相當的成就，所以今後不單是得失榮枯，在所不計，就是生死存亡，亦豈在意中！人生一世，草生一秋，自問對於此生，沒有甚麼辜負。

不過人的意思，是隨著環境變遷的。在甚麼地位，就自然而然的發生適應這個地位的責任觀念。不是我要寫好聽的官樣文章，來欺世騙俗，因為我現在已不是窮苦學生了。我現在是和平運動的一個主要幹部，是國家一部分任務的當局。所以我覺得對於國家，對於民族，甚至對於東亞，還有未盡的責任，未了的事業。將來的環境，是不是容許我盡這個責任，了這個事業，以及我自己是不是有這樣的能力，那都是另外的問題；

但是無論有怎樣大的掀天撼地的波浪，洶湧澎湃起來，不管成功也好，成仁也好，我決心以我渺小一身來當，決不作逃避責任的卑怯行動。

友邦日本的讀者，讀了這本小冊子，對於我過去的苦學和奮鬥，當然可以得到相當的了解。但是我希望友邦讀者更要了解中國現在，和我當年一樣苦學奮鬥的青年，有成千成萬。這些青年，將來都是中國的棟樑，東亞的柱石。我希望日本的青年和中國的這些青年，互相了解，互相提攜，真正的新東亞，纔能建設起來。

最後，對於大陸新報翻譯並印行這本小冊子，表示謝意。

《往矣集》日譯本東京版序

周佛海

去年十一月在東京的時候，我的朋友吉岡文六氏告訴我，東京日日新聞，已將我的《往矣集》譯成日文，不久即可出版。我當時告訴他上海的大陸新報，聽說也要翻譯。這本小冊子，這樣受盟邦日本的歡迎，真是我一件非常光榮的事。

這本小冊子，雖然祇是記述我個人半生苦學奮鬥的經過，但是近二十多年來，中國政治和社會的變遷發展，也可以從中約略看得出來。一個苦學生出身的人，處在這個激急變化的時代互流之中，能夠掙扎出來，到現在還能為國家社會負一部份責任，也可以說是非初料所及了。因為當時的戰友，有些被殺殉難，而成為時代的犧牲者，有些消沈淪落，而成為時代的落伍者。而我還偷生人間遭遇空前的濤驚駭浪，應付空前的困苦艱難，這真不知道是幸是不幸！

這本小冊子中間，關於和平運動的經過，沒有記載出來。這個原因有二：第一、因為和平運動，還在發展進行中，沒有成為歷史上的事實，現在不便說出。第二、因為和平運動的同志，其目的雖然是在救中國，是在奠定中日之間的永久和平，但是這幾年來國際關係的出人意料之外的激烈而遽急的變化使中日的關係越加複雜，使中日之間的局勢，變成世界全體局勢的一部。原因越雜，牽制越多，而全面和平，就越難實現。在這個情勢之下，不僅中國一部份人士，對和平運動不會諒解，就是一部份日本人士對於和平運動，恐怕也有誤會。所以全面和平沒有完成以前，關於和平運動的經過，不願有所敘述。

辛亥革命，是中國革命自強的絕好機會。可惜一誤於袁世凱的稱帝，二誤於北洋軍閥的互相殘殺，把很好的機會，輕輕的放過去了。北伐完成，中國統一，也是中國革新自強的很好的機會。可惜一誤於國民黨內部的分裂，二誤於共產黨的破壞，把很好的機會，又輕輕的放過去了。現在回想起來真是非常痛心。但是這兩個好機會，雖然沒有好好的利用，使中國一躍而成為近代的強盛國家，然而這三十年以來，中國無論在政治上、軍事上、經濟上、文化上以及社會上，沒有不在那裏著著的進步。在這次事變前，各方面都呈著蓬勃的現象，而確立了近代國家的規模和基礎。而且中國社會的潛在力，是非常偉大的。無論經過怎樣大的破壞，因為自力更生的力量非常雄厚，所以恢復起來，非常之快。這一點；是中國足以自豪的地方，希望盟邦日本，要加以認識。

如果因為這本小冊子的日譯本的出版，而能增進盟邦人民對於中國青年的心理、精神及努力的了解，以及二十年來中國政治社會變遷發展的認識，那就不單譯者的苦心，有了報償，就是著者也覺得萬分光榮了。

吉岡文六氏，對於中國，尤其對於中國國民黨，是有著正確的瞭解和熱烈的同情的。關於中日兩國人民的互相認識，我願意和吉岡氏共同努力。

中華民國卅三年二月二十五日序於上海恆廬

《往矣集》序

朱樸

在過去十數期的《古今》中，無篇不精，但是讀者最歡迎各方所最注意的，當推周佛海先生之作為第一。第三期的〈苦學記〉，第九期的〈自反錄〉，第十三期的〈盛衰閱盡話滄桑〉，每一篇文字刊出後，中日各報，紛紛轉載，南北讀者，競爭購買；這種盛況，至少可說是四、五年來國內文壇上所未覩的了。

周先生的文章事業，早已彰彰於國人之耳目，毋待贅述。他的文字之所以能博得大眾之熱烈歡迎，依我個人的分析，全在於一個「真」字。一般人讀了三國志及水滸傳兩部小說，沒有不對於張飛李逵二人引起無上的敬愛者，無他，因為張飛李逵二人完完全全是一個「真」字的表現而已。

我和周先生正式訂交雖然還不過是最近這五年來的事，但是意氣相投，肝膽相照，遠過數十年的故交。（這一段趣事可以補述的：二十多年前我和周先生為了辯論一個經濟學上的理論問題曾在時事新報及民國日報上大起筆戰，後來邵力子也加入我的「敵方」助戰，我因寡不敵眾，不得已遂鳴金收兵！）在我生平所交的朋友中，秉性之忠厚，情感之熱烈，待人之真誠，行為之狹義，沒有一個比得上周先生的。「言為心聲」，他的文字完全是他人格之表現，至性至情，絕無半點虛飾。尤其是最近數年來周先生的孤臣孽子之心，絕非一般普通人所能知道及了解的。不佞忝在交末，深知其處境之艱，用心之苦，因而益堅其敬愛之心。

我們為了窮於應付一般讀者補購第一冊《古今》合訂本的請求，遂有出版「古今叢書」之計劃。現在我們先將周先生專為《古今》所寫的三篇特稿並附有周先生的文字二篇，彙集出版專集，作為「古今叢書」第一種；以後並將陸續出版第二種，第三種，……（預定翼公先生之《歸程》為第二種，梁眾異先生之《爰居閣脞談》為第三種。）藉為推動近代文化之一助。區區微意，或為一般讀者及關心文化之士所樂聞歟？

中華民國卅二年一月一日朱樸謹識於上海古今出版社

《往矣集》序

金雄白

周先生由苦學而參加政治運動，同時由文學家而成為政治家。二十年來，依然於百忙中不廢其撰述。早歲的《三民主義之理論的體系》，以至最近的《往矣集》，兩書本身的價值，已可確定為不朽的名著。

讀周先生的文章，如家人晤對，傾聽肺腑。親切，坦白，真誠，一字一句，叩人心絃，豪邁爽直之處，尤覺大氣磅礴，這種成功，與其說得之於文學上的修養，毋甯說半

▲周佛海

由於三湘人士獨特的天賦，半由於個人偉大抱負的流露。

《往矣集》是周先生近三年來陸續寫成，發表於《古今》上的，過去這六年中，可以說是周先生一生最堅苦卓絕的時期。以孤臣孽子之心，幫助汪先生收拾這東南半壁的破碎山河，憂國愛民，一腔熱血，不但需要任勞任怨，而且要忍受一切的任謗任過，《往矣集》中所有的文章，都在這一種環境這一種心緒下寫成的，所以《往矣集》的價值，決不是一部普通抒情的散文集。

《往矣集》本來由「古今社」發行，一年中再版了十一次，樸之兄於《古今》獲得驚人之成功後，毅然休刊，《往矣集》亦早已全數銷罄，但各方面要求再版的太多，復承樸之兄以紙版見假，更由黎庵兄重為編訂，交付《平報》發行，我們在欣幸之外，在此特對樸之黎庵二兄表示深切的謝意。

中華民國三十四年三月金雄白敬序

▲周佛海之家庭（攝於滬寓）

▲民國二十八年周佛海隨汪精衛遊日攝影

往矣集

《汪精衛先生行實錄》序

東莞張次溪君，編了《汪精衛先生行實錄》一書，要我做一篇序。我平生沒有為人家的著作做過序，所以序應該怎樣做，實在不大內行，但是為　汪先生的言行實錄做序，卻不是敷衍應酬的文章，而是有意義，有價值的筆墨。所以特把自己的感想寫出來，聊當作這本書的序文。

這本書分做四部。第一部為年譜，第二部為著述年表，第三部為庚戌蒙難實錄，第四部為行實錄。此外還有一篇北京銀錠橋史蹟志。　先生的道德文章，學問勳業，大都均網羅在這一本冊子的裏面，使當今及後世景仰和崇拜　先生的人，能夠得一種有系統而綜合的資料，以研究　先生的思想，傳述　先生的事業。所以這本小冊子，在思想上和歷史上，無疑的是有很大的貢獻的。

我乃是中國國民黨的後輩，雖然在庚戌以前，還是鄉村一個塾童的時候，就聞了先生的大名，但是直到民國十三年春天，於無意之中，纔在上海第一次瞻仰　先生的風采。那個時候，國共已開始正式合作，共產主要份子，有許多已加入了國民黨。毛澤東也加入國民黨，做宣傳部的秘書。我那時因為還在日本京都留學，所以還是共產黨員，沒有加入國民黨。我由日本回到上海的時候，赴國民黨黨部去看他。當時黨部是在環龍路四十四號。當我和毛正談得起勁的時候，忽然一位身材高大的偉丈夫，破門而入。我當時不知道是誰，毛替我介紹道：「這是　汪先生。」一位神仰十餘年的革命先輩，忽然從天而降似的站在我的面前，一個渺小的學生，真是手足無所措，不知道說甚麼纔好。毛報告我的名字之後，　汪先生似乎知道我的名字，和我握手，並寒暄了幾句，然後和毛談了一刻的事務。這便是我第一次拜見　先生的經過。

晤談雖然只有片刻，我立即感覺到和這樣熱誠的人物接近，真正如坐春風之中，使人溫暖，使人愉快，使人心醉，我又立即感覺到這位人物，對於羣眾的魔力，對於群眾的吸引力，一定不小。我因此又感覺到這位人物，將來一定是有著廣大羣眾擁護的政治家，一定是能夠領導廣大羣眾去奮鬥的革命導師。這便是我第一次拜見　先生時的印象。我的印象的正確，以後的事實替我證明了。

民國十三年赴廣州，參加國民革命以後，瞻仰　先生的風采和言論的機會較多，對於　先生的景仰更進一層。二十六年事變發生以來，深談的機會更多，　先生的為國之忠，用心之苦，治事之勤，赴義之勇，任難之毅，使我得了不少的薰陶和感召。自從發動和平運動以後，出死入生，追隨左右，至今將近五年。其中所經的危難困苦，不是筆墨所能形容，而　先生安之若素，應之以定，絲毫沒有因為危難而稍餒其氣，稍變其志，所以纔能以赤手空拳，奠定還都大業，使中國於軸心國家之中，占一重要地位，而角逐於國際舞台，這樣的勳業，其根本的動力，全在　先生「我不入地獄誰入地獄」的慈悲而勇毅的精神。

要敘述一位偉大人物思想性格的全部，是不容易的。好像泰山之巍峨，滄海之浩瀚，我們不容易描寫其全貌一樣。我現在只就一點，略為說明。

我要說的，就是　先生的民主精神，無論對同志，對部下，無論做大事，做小事，都是循循善誘，諄諄訓誨，務使同志或部下，明瞭這事的原委，明瞭何以要做這件事，明瞭這事如何做，然後纔命令去做。他決不以命令叫人盲從，決不沒有指示使人妄動。封建時代的專制，近代的獨裁，也決不屑採取的。他能得廣大羣眾的擁護在此，能毫無憑藉而創業也在此。

在去年全國司法會議的時候，我去訓話，中間有一段，大意是推行政令，有兩個工具，一是司法，一是教育。司法是迫之以威，教育是喻之以理。但是中國古代是專用司法一類的威力，而不大採用教育為工具的。法家的政治思想不必說，就是儒家的政治哲學，也是一樣。我們看看「民可使由之，不可使知之」這句訓語，就可知道。「使由之」就是以命令強迫去做，「不可使知之」，就是不要以教育使人民了解。我覺得這是不對的。要使人民完全「知之」之後，纔使之「由之」，固然政治效率一定遲緩，而且有時也不可能，但是至少務必儘量設法去使人知，至少務必使中堅份子知之，專制和獨裁，或者可用以應變，而不能以之處常。這便是近代民主政治的精神。　先生對同志和部下，常不惜舌敝唇焦去訓誨，去說明，就是要使人「知之」。這一點，我非常敬服，所以特別提出來說。

要說的話很多，如果一直寫下去，這篇序的本身，要成為一本書了。現在就此擱筆，不知道這篇感想，能不能算是一本書的序文。

中華民國三十二年二月九日周佛海序於南京迎賓館

苦學記

樸兄屢次要我為《古今》寫一篇東西。提起作文和講演，我現在比甚麼都怕。因為還都兩年以來，以前所期冀，所談過的事，大部份沒有辦到。全面和平，遙遙無期，國府強化，尚待努力。所以我決心就自己的本位，就自己的責任，一聲不響的一點一滴的切實工作，非萬不得已，一不作文，二不廣播，三不發表談話，四不公開講演。因為以前說的話也太多了，既然大部分都沒有實現，還有甚麼意思向大眾說話？這便是我年來的心境。

不過《古今》文字是軟性的，樸兄又再四相託，所以乘著星期日比較空閒的時候，把幼時苦學的經過，再來回憶一次，一則可以借此自己再鞭策一番，二則對於現在在困窮中的青年，也許可以相當的鼓勵。

辛亥武昌起義的時候，我纔十五歲，在鄉村一個私塾裏讀書。第二年民國元年，我們鄉下有幾個學生，都進城考了高等小學。我的消息很慢，等到考期已過，我纔知道。於是請求母親准許進城運動補考。到了城裏探聽，知道距發榜的日子，只有三天，絕對不能再考了。我那時非常失望。湊巧那時縣政府的教育科長，是我鄉下的呂鶴立先生。我便請他寫了一封信給小學校長。居然得到允許了。因為這是我一生發軔的起點，現在還很清楚的記得。我一個表兄，當時在中學讀書，送我去考。補考的只有我一個人，在窗明几淨的校長室考的。國文題是「愛國說」，還有兩個加法的算術。國文完了卷就做算術。算術的答案，我沒有把握。湊巧這時校長不在房間，我的表兄在窗外探頭探腦的向內張望。我便把算術答案給他看。他輕輕的由窗外告訴我說，尾數上少了一個圈。於是我把圈加上，考試就算完了。考雖考了，究竟能不能取，還是一個問題。因為當時許多年紀比我大，學問比我好的老童生去投考，而名額又不很多，所以非常擔憂。那曉得發榜的那一天，我竟中了第一名。當時真是喜出望外！馬上帶信回家，報告母親，她老人家當然也非常歡喜。我自己想來想去，竟想不出何以會考得第一的理由。難道是校長徇教育科長的情面嗎？後來進了學校，聽見閱卷的國文先生說，纔知道這個道理。原來我當時雖然在鄉下私塾，不知道從那裏弄得兩本梁任公的《中國魂》，讀得濫熟。我就學他的文筆，把許多新知識、新名詞以及憂時憤世的論調，裝入「愛國說」文裏去。在當時風氣未開的小州縣，居然有這樣的文章，當然要考第一了。

我因為是第一名進學校的，所以在學校裏鋒頭頗健，被選為班長。第一年沒有甚麼事情；第二年開學之初，便發生問題了。原來學校裏有老生欺負新生的習氣。第一年我們被人欺負，第二年輪到我們欺負人了。有一次我們在上體操課的時候，有一個新生坐在草地裏看。我們便說他不應坐著，要他馬上立起來。這位先生也很倔強，偏不立起。我們覺得太沒有面子，便私下商議散隊後把他圍著打了一頓。居然三四人把他圍起來。我的一個年長同班，站在他的面前和他理論，並未動手。我立在他背面，先動手打他一拳。於是就大打起來了，被打的同學，到校長那裏去控訴。他只指出站在他面前的我的同班，而沒有指出我，因為我站在背後，他沒有看見。當時校規很嚴，我那個同班被開除了。我於是到校長那裏去自首，請求處分。校長說我沒有被控告，而且也愛護我，不加以任何處分。我覺得對不住那位被開除的同學，於是自動退學，和他一起到長沙去。決心下了之後，便回家報告母親。母親痛誡了我一番之後，仍替我籌了五六十元錢，讓我出門。我父親早故，母親撫養著我和弟弟妹妹三人，艱苦度日，雖有薄田百餘畝，但是要籌幾十塊錢現款，實在是不容易得事。到了長沙，便進了湘西人士所辦的兌澤中學第二年第二學期。當時小學是三年，中學是四年。我以小學二年級第一學期的學生插入中學二年級第二學期，功課實在不易趕。一因功課很難，二因用費很大，實在不容易支持。湊巧呂鶴立先生由教育科長調任為縣裏的中學校長，我便請得兌澤中學校的轉學證書，轉入本縣的中學。呂先生勸我不要太躐級，功課不易趕上，便許我插入了第一學年的第一學期。小學還差一年半，洗了一個澡，便進了中學，在當時也不是一件容易的事。進了縣中之後，既然可以時常菽水承歡，又可以節省用費，所以便拚命用功。我雖然不敢說「幼有大志」，但是上進之心，卻是有的，而且確有相當的抱負。但是就客觀的事實看，上進發展的機會和可能，實在沒有。出洋？想都不敢想，那裏有這個希望！不單沒有出洋的希望，看見縣裏有一兩人進了北京大學，也只是徒然羨慕而已，根本不作此非分之想。唯一可能的出路，就是進高等師範，因為長沙有個省立高等師範，一切費用，都是政府供給。這是貧寒學生唯一可能的升學途徑。但是名額有限，而貧寒學生那樣多，所以進高等師範，也不過是幻想中的安慰罷了。我想萬一不能升學，能夠謀一縣政府的書記，或者小學教員，也就心滿意足了。在學校讀了一年多之後，遇著袁氏稱帝，護國軍興，沅陵是軍事上必爭之地，北軍源源入境，學校也就停學了。在家無事，想起我父親在洪楊之役，入了湘軍的幕，因軍功而出身，我何不也去投軍？於是在袁氏死後，便得了母親允許，又到了長沙，想謀一個司書的位置。旅居兩月，百計不成。湊巧學校又將開學，於是又回鄉重復上課。當時臨澧鄧竹銘先生新來授歷史地理，深得他的賞識。那時我一面學做詩，一面讀《東方雜誌》等刊物，漸漸留心起政治來了。談到做詩，當時頗感興趣，師友又非常鼓勵，幼稚的作品，也做了不少。可惜到了日本之後，就不彈此調，現在一個字也做不出來了。初生犢兒不怕虎，當時膽子很大，到處題詩。沅陵位居沅水之側，城東波浪洶湧的江中淺灘上，有一小洲，上有龍吟寺，寺中有七級的龍吟塔。某年秋天，和同學去遊，在壁上題了一首詩，事隔二十五年，據湖南來人說，那首詩現在還在壁上。故鄉幼時釣遊之地，時在夢中，不知今生今世，還有沒有還鄉，重溫舊夢的希望！那首詩雖然幼稚，現在還記得，特把它錄出，也可見當時的意氣了：

登高把酒飲神龍，拔劍狂歌氣似虹。
甘處中流攔巨浪，恥居窮壑伴羣峯。
怒濤滾滾山河杳，落木蕭蕭宇宙空。
不盡沅江東逝水，古今淘盡幾英雄。

因為留心政治，居然隱隱有以天下為己任之氣概。不是我自己誇張，恐怕每一個不安分的青年，都是有這個雄心的。袁氏死後，內閣常常更動，一下某甲入閣，一下某乙入閣，在看報之餘，居然也想將來要入閣了。我們學校擴充，把附近的文昌閣，併入學校做宿舍。我因為常常想將來一定要入閣，替國家做事，所以和同學說到文昌閣去，便說「入閣」。譬如課後要問同學「你甚麼時候到文昌閣去」便說：「你甚麼時候入閣？」但是主觀上雖然有這種氣概，客觀上上進發展的機會，可以說是絕對沒有。真是前途黑暗，四顧茫茫！當時因為常看商務印書館的出版書籍，知道商務印書館有學徒學校，很想託人介紹到商務印書館，做一名學徒，到上海去謀發展。但是就是這一條路，想了很多的方法，也沒有走通。

命運之說，說不靈有時候也覺得似乎奇怪，總覺得都是命運的支配。我現在能夠有這樣地位，負這樣的責任，決不是我的聰敏才智所得到的結果，完全是僥倖。僥倖，就是命運。我作此說，好像是迷信，但是人定是否能勝天，確是一個疑問。我最怕的是辦財政和外交，而現在卻不能不負財政的責任，且實際上常當外交之衝。我以為教育工作沉悶，極不感覺興趣，但是卻做了三年大學教授和六年教育廳長。這樣事與願違，不是命運是甚麼？出洋留學，我做夢都不敢想。但是命運卻造成我留學日本的機會，這不是很奇怪的事嗎？

我家距城二十餘里，在沅水的南岸，我每兩週返家省親一次。星期六回家，星期一進城，習以為常。每次步行，賞玩著沿途的青山綠水，倒也是一件很愉快的事。民國六年五月某日，照例返家，遇著山洪暴發，沅江水漲，不能渡河進城。於是在家住了四天，等著水退。那曉得我一生的運命，就在這四天決定了，而我還在鄉下，一點不知。等到到了學校，一個朋友對我說：「老周！你可以到日本留學去了，最近就動身。」我以為他是開玩笑。他說：「你不相信，我和你去見校長。」一見了校長，果然是真！原來我有個同班的朋友，他的哥哥在東京，前一年把他叫到東京去了。他來信說東京生活程度並不貴，每年只要百五六十元，如果肯用功，一年之後，就可以考取官費。我的好友鄔詩齋便發起湊錢送我去。呂先生立即拿出了三十元，那個時候的三十元，比現在的三萬元還要值錢。於是先生和同學，一共湊一百三四十元。我高興極了，雖然一年之後，不見得考取公費，但是這乃是唯一遠走高飛的機會，不能不冒相當的危險。於是立即回家，稟告母親。他老人家極不願意，一則因為出洋兩字，使他老人家覺得要不知出多遠的門，捨不得我遠離膝下。二則因為如果考不取公費，家裏又無力接濟，深恐流落異邦。不過當時愛子和望子成名心切，只好忍痛一時，並且東挪西扯，為我籌了幾十元，湊成了二百元。離家之日，母親不忍送我，躲在廚房中暗泣，我到廚房中揮淚拜別了母親，從此便成了天涯遊子了。以前雖然兩次到長沙，但是時間很短，而且路也不遠，所以還不覺得難過。現在出這樣遠的門，又不知何時還家。所以母子分離的痛苦，特別感覺得深刻。朝發蘆林潭口占說：

溟濛江霧暗，寥落曙星稀。世亂民多散，年荒鬼亦飢。
心傷慈母線，淚染舊征衣。回首風塵裏，中原血正飛。

詩雖幼稚，足見孺慕之心了。前幾年雖然兩次奉養來京，但是老人總不願久離家鄉，事變初起，就再回鄉。我參加和運之後，曾兩次派人奉迎，均以路遠辛苦，沒有得到老人的允許。到現在音問隔絕，生死不明。寫到此地，真是痛不欲生了！

離開沅陵的時候，還有一段佳話：有一位女士，是我們同學的親戚。在桃源女中讀書，地方風氣未開，女子出門求學，當時實在是鳳毛麟角。我在同學家見過她三次，因為當時男女交際還不公開，所以從未交過一語。我當時在縣裏，微微有點小名，所以平常彼此都相當的傾慕。我在啟程的前兩天，忽然接得她一封信和四首詩，事隔二十餘年，詩已忘了，大意是仰慕和鼓勵，其中有「遙送君行暗舉觴」一句。因為「遙」和「暗」兩個字用得很深刻，所以我至今不忘。當時也回了她四首詩，現在都已忘記了。後來聽說她嫁了個外鄉軍人，很不得意。現在不知飄泊何方，可嘆！

同行還有兩個同學，三個人都不通日語。先到長沙，坐直航上海的船，坐的不單是統艙，而且是運漉的米包上。當時懷著乘風破浪的壯志，也不知道甚麼是苦。到了上海，住在法租界一家湖北人開的小棧房。三個土頭土腦的鄉下人，到了五花八門的上海，簡直手足無所措。只好托棧房的人，買日金和船票，後來纔知道被他們騙去了不少的寃枉錢。

到了長崎上岸，有中國酒店四海樓派人來接，稍事休息，晚上就坐火車。開車不久，我忽想大解。當時不知道車上有便所，可以解手，每次停車，看見了W.C.想下去大解，又怕車開，所以一直忍了八九小時，到了門司纔得輕鬆，真是一個大笑話。車上買飯吃，看見筷子只有一根，有個同學說：「一根筷子怎好吃飯？」我自作聰敏的說：「折斷成兩根，不是可以吃嗎。」於是三人都折斷了，大家覺得日本筷子這樣短，真不方便。後來看見附近一個日本人吃飯，他吃飯拿著筷子，不是折斷，而是分開，於是三人相視而笑。到了東京，按著地址，用筆談的方式，叫了三輛人力車，送到本鄉的福起館。於是有許多同鄉便來招待我們了。

到東京是七月底，於是開始學日語並補習其他科學。我雖是貧寒出身，但是用錢卻手面不小，到了十二月，錢已用完了，今後怎麼辦呢？就算是公費考得取，也要到明年七月，以後半年怎麼支持？家裏接濟，是萬不可能的。真是天無絕人之路，那時湖南發生南北內戰，匯兌不通，所有在東京的湖南自費生，都不能得到家庭的接濟，於是大家跑到公使館請求救濟。結果每人得了一百元，這又可以支持幾個月了。那時段合肥當國，與日本簽訂軍事協定，日本留學生，羣起反對。一面分派代表回國到北京上海去運動學生，一面鼓動全體返國。留日學生到北京策動，和北京大學學生相聯繫，遂發生了所謂五四運動。國內國外的學生運動，相激相成，越鬧越大，於是東京留學生大多數都主張回國了。我雖然是初到東京，但也是主張回國最激烈的一人。如今回國空氣已造成，我自己焉有不回國之理。以前完全沒有想到個人問題，現在真要回國，於是個人種種難題，都不能解決。一，旅館欠了三十餘元，有甚麼法子可以還清？三十餘元，現在覺得問題很小，當時實在比天還大。第二，回國的川資到那裏去籌？最要緊的，還是第三，到那裏去？到京滬去做愛國運動嗎？吃甚麼？生活都不能維持，能做什麼運動？回老家嗎？不僅是沒有意義，而且好容易能夠出來，這一回去，就要老死溝壑，今生今世，再沒有出來的希望！不回國嗎？又萬萬不可以。於是左右為難，進退維谷，真苦死了。好在我到處人緣都好，朋友都肯幫忙。有個朋友說，旅館欠債替我付。另一朋友為我籌三十元作川資。但是到那裏去呢？這個問題仍然不能解決。於是還有個朋友說：「你回國是不能不回的。但是飯都沒有吃的，那能做愛國運動？我看你還是回國謀一位置，每月積一點錢，過幾個月再來罷。我有個朋友在奉天安東縣辦厘金，我介紹你到那裏去罷。」計劃既定，於是便坐車到下關，渡海到朝鮮，從朝鮮到了安東驛下車。厘金卡還在來數十里外的鄉下，於是再雇民船，沿鴨綠江而下。到那裏一看，滿目蘆葦，幾家土屋，真是荒涼得不能以文字來形容。那位同鄉看見我到，愁眉苦臉的說：「我這裏局面小極了；除我外只有八個巡丁，你來有甚麼辦法？既然來了，只好住一住再講。」於是我積錢再去留學的夢，又不能實現了。前途渺茫，走頭無路。當晚夢見回家，倒在母親懷中痛哭。一個人到了山窮水盡的時候，就想起母親的慈愛，也只有母親的慈愛，纔能鼓起我們的勇氣。這乃是天性。每日徬徨海濱蘆葦中，幾欲跳海自盡。私念此生休矣！想不到我的生命，會斷送到這樣荒涼的海邊。過了兩星期，接到東京朋友的信說，回國的人並不多，第一高等學校，考期快到了，有許多人已報名，叫我何妨再去考一考。我想第一高等是最難考的，許多在國內有名的中學畢業，到東京預備了三四年，還有考不取的人。我中學沒有畢業，又只預備幾個月，那裏考得取？但是除了這條路之外，那裏還有第二條路可走？只得破釜沉舟的去！與其死在荒涼的海濱不如到東京去流落！於是向那位同鄉借了二十元，沿路節食省用的到了東京。這個時候，已是一錢莫名了。不得已搬到原住的旅館，欠著賬住下去。這個時候，距考期只有三星期。名額只有五十名，而投考的卻有六百多。我那裏會有希望？這三個星期中間，日以繼夜的趕著預備。到了考的那天，我只有半枝鉛筆，向朋友借了一毛錢，買一枝新的，並借了一件舊和服穿上。因為沒有錢坐電車，所以把鉛筆放在衣袖內，緩步徐行的走去。照道理說，我心裏一定很慌。但是當時我卻非常鎮定。一個人在患得患失的時候，心裏一定著急。如果真的絕了望，也無所謂了。我當時斷定是考不取的，此次不過是盡人事而已，好像一個囚徒已經綁上法場，還有甚麼怕的。當時因為沒有心亂意煩，所以頭腦非常清楚。這不單是我一生的成敗攸關，而且是生死關頭，所以和當年考小學時候一樣，記得很清楚。上午考數學，四個算術題，兩個代數題，一個幾何題。我的性情，與數學極不相近，所以我認為第一場是個最大的難關。進了考場，把手向袖內一摸，昨天借一毛錢買的一枝新鉛筆，不知何時在路上丟掉了。預兆這樣不好，還有甚麼希望呢？索性死心塌地不管，拿著半枝的筆去解答。過了一小時後，做對了五個題目。還有一個代數題和幾何題沒有答案。看看時間還早，把幾何題拿來再做，卻被我做對了。於是精神為之一振，再去做那個代數題。出於意料之外的，也做對了。這一難關突破，我便生出多少希望來了。下午考英日文的互譯。這一點我有相當的把握，成績也還不錯。於是第一天考試，便覺得心滿意足了。第二天上午考物理化學。在國內既然沒有學過，到東京又沒有多預備。把兩本很厚的借來的書，悶悶的翻來翻去，看見有許多地方，有鉛筆的記號。我靈機一動，以為這些都是要緊的地方，所以單選這些地方去死記。誰知第二天所出的題目，都是昨晚曾經死記過的。於是這個難關，又被突破了。下午考日文作文，便胡亂的做了一篇，也不知好歹。最後一個難關，就是日語面試。這卻把我為難了。當時日語程度很不好，預備也來不及。只好聽天由命了。因為我報名得晚，所以排在第四天面試。第三天下午，悶悶不樂，跑到中國青年會去看中國報。偶然遇見一個同考的，我問他已否面試。他說上午已經試過了。我便問他問些甚麼話。他說「還不是隨便問，例如你是湖南人，也許問你湖南打仗的情形。」我便跑去請一位老留學生，編了一篇湖南打仗的情形，拿來死讀。第四天面試的時候，是一位叫做今井的老先生。他問你是周某人嗎？我說是的。他看看我的報名單，就說你是湖南省的人嗎？我又答一聲是的。他又問我說：「湖南現在打仗的情形怎樣？」我便把昨晚背熟的，滔滔不絕的讀了一遍。他便不問我第四句話了。如果他再問我一句，我便要窘態畢露了。於是全場考試，就此完結。

考的時候不著急，考完了倒急起來了。如果考不取，怎樣辦呢？想去公使館做一個當差的工友。萬一連這個都辦不到，就想到華僑的商店去謀當一名伙計。這樣胡思亂想的過了一星期，聽說發表了。趕快的跑到學校去看榜。我想萬一我考取，一定名字列在最後。所以我不敢從第一名看起往下看，卻從最後一名倒往上看。看了一大半，沒有我的名字。我從頭上冷起，一直冷到腿上。快要冷到腳尖倒下去的時候，看到第四名卻是我的名字。我疑心是做夢，把舌尖重重的咬了一下，感覺得很痛，於是我知道不是夢，是真的。從此我生活不成問題了。從此我可以求學，一直到帝國大學畢業了。當時心中的愉快，不是言語可以形容的，馬上寫信去報告母親。考第一的是郭心崧，現在昆明，做郵政總局局長；第二是以後成為左翼作家的鄭伯奇，第三是重慶交通部次長彭學沛。

現在，和我當時一樣困苦的青年，不知道有多少。大家不要灰心，不要餒氣，不要落膽，不要絕望！天無絕人之路，一根草有一滴露水養的！只要我們肯幹，無論在甚麼情形之下，可以從重重包圍之中，殺出一條血路！

扶桑笈影溯當年

一個青年，要有理想，有抱負，有野心。否則，便沒有靈魂。有了理想，抱負，和野心，而又要刻苦，鍛鍊，和努力。否則，便是狂妄。不是我自負，我在青年時代，是有靈魂的，同時，也決不狂妄。我幼時的抱負和苦學的情形，在〈苦學記〉中已經寫過了。不過那篇文章，只寫到渡日留學，考進東京的第一高等學校時為止。現在把那個時候以後，留學期內的生活情形，以及暑假回國，從事社會運動的經過，略述一個大概。

那個時候，我國政府指定了五個日本國立的學校，凡是考進這五個學校中之一的，都給官費。五個學校，就是第一高等（畢業後入帝大），高等師範，高等工業，高等商業，和千葉醫專。五個學校之中，最出鋒頭，最為當時的女學生所傾慕的，是一高的學生，戴一頂兩道白圈的制帽，被一件披風，腳下卻穿一雙「下駄」（木屐），在街上大搖大擺，昂首高歌，略略做一些出軌的事，不單警察都不去管，社會人士，還認為可愛。我當時一心一意，想進一高，而一高又非常難考，見著一高的中國留學生，非常羨慕。現在我居然考中了，兩道白邊的帽子，也飛到我頭上來了。這不單是有了官費，經濟問題可以解決，同時，我的理想也實現了。所以當時快樂的情形，遠超過老童生進學。發榜後，立即向湖南留日學生經理處預支了一個月學費（那時每月是三十六圓），到房州去避暑，去海水浴。

開學以後，我就用起苦功來了。早上六點半鐘起，晚上十一點鐘睡，每日的十六七個鐘頭之中，休息的時間至多不過二小時。因為要學的東西太多了，學校的功課，已經忙得不亦樂乎，單只外國語一科，有英文，有德文，有日本的古文。但是這些東西，決不能滿足我的求知慾，課外的工作，比課內的更多。第一，讀中國古書。第二，當時社會主義和民主主義的思潮，非常澎湃，尤其是俄國和德國革命，對於青年予以不少的刺激，所以我對此很感興趣，這一類的書籍雜誌，努力去閱看。第三，我對於西洋歷史和當時的國際情形，也很有興趣，因為那時正是第一次歐戰結束，國際聯盟成立的時候，所以閱讀這一類的雜誌和書籍，也佔了我不少的時間。大約早晨起來，到學校之前，讀中國書，有時讀得起勁，竟高聲朗誦起來，不管隔壁的日本同學，討厭不討厭。上課回來之後，閱讀課外書籍，然後吃晚飯。飯後到帝大門前一帶舊書店去翻閱舊書，大約一小時。晚上讀到十一時以後，從「押入」（壁廚）內裏把鋪蓋拖出來，納頭便睡。星期日上午，還是用功，下午步行到神田的中國青年會看看中國報，或訪訪同鄉。在一高預科的一年之中，每天都是這樣，不單是日本同學沒有交際，就是中國朋友，也少往來。不單是「芳原」（妓女區）「淺草」（遊樂區）沒有去過一回，就是影戲院也沒有去過一次，只是星期日晚上，中國青年會演電影的時候，偶然去看看。每日唯一的娛樂，就是晚飯後跑舊書店。這個味道，印象很深，現在還常做這樣的夢。

因為閱讀國際問題的書籍，也有多少心得，一時高興，做了一篇分析當時國際形勢並推測其趨勢的論文，投到留日回國學生在上海辦的《救國日報》，居然登了出來，而且博得好評。我中學時代的史地教師鄧竹銘先生，遠道馳書獎勵，大為稱讚。這便是我的處女作。

這樣的生活，過了一年。預科畢業，照例要分發了。當時日本只有八個高等學校。我因為要選擇一個清靜的地方，所以要求分發鹿兒島的第七高等學校。

鹿兒島在日本的南端，風景秀麗，氣候溫和，人情樸實，是西鄉隆盛的故鄉，真是一個很好的地方。那時七高，有十三四個中國學生。我任總司令部政治部主任時，為我做了兩年多科長，我任江蘇教育廳長時，為我做了五年多的祕書，後來我任宣傳部長時，又為我任秘書的陳天鷗，就是當時的同學，先我一年到鹿兒島。我離開了重慶之後，他現在還在任宣傳部祕書。幫忙我十年的老友，現在還沉浮於宦海中，不能展其抱負，我心中委實抱歉，加以現在關山遠隔，魚雁難通，落月屋梁，那能令人不懷舊雨而感傷呢！

第一年除學校功課以外，專門只看社會主義的書籍，國際問題的書籍沒有工夫再看了。讀書之外，作文譯書的興趣也大增加。這一年譯了《社會問題概觀》一書。約六七萬字，賣給中華書局，得稿費一百二十元。這個款子，留作暑假回家省親的路費。當時梁任公一派的人，在上海辦有《解放與改造》半月刊，我常常投稿，都登載出來，稿費非常豐富。這種稿費，大部寄回家養母，一部拿來買書。

課外的娛樂，就是遊山玩水和看電影。海灣中的櫻島，是大正四年發火的火山。我去時山頂常常還冒煙，島上的枇杷和蘿蔔，味道特別的好。我和幾個同學常於星期搖著小艇，渡海上島一玩。每日下午，不是一個人騎腳車，沿著岸到名叫磯濱的海岸去看海，就是登學校後面名叫城山的山頂去遠眺。看電影的朋友，就是陳天鷗。晚飯後，兩人談起電影，便不顧風雨，由我們住的叫做城谷的地方，步行到電影區天文館通。來回約有七八里，我們常在大雨之夜，兩個人打一把雨傘，赤著腳穿一雙高跟「下駄」，跑去看電影。有時有好影戲，而錢卻用完了，官費還沒有由東京寄來，兩人便只是乾著急，希望郵差光臨。但是郵差如來，而所送的是平信，仍舊失望，因為匯款的信，都是掛號的。我有時開他的玩笑，由外面進去，大聲喊「書留！」（掛號信）他以為送匯款的郵差到了，出來一看，原來是我。有時等郵差不到，而周圍菜園上肥料，臭得心煩，於是大吟「前後有糞桶，往來無郵差」以自遣。

民國九年夏天，決心回沅陵省母。打一打算盤，除卻往來川資外，所得稿費所餘無幾。想做一套西裝，算來算去沒有錢做，於是只好穿著學生裝回國。那曉得一到上海，便不能再往前進了。因為那時張敬堯督湘，我們的湘軍，羣起驅張，戰事緊張，道路梗塞。這個情形，我在鹿兒島完全不知道，這次回家，完全為省母，如今不能達到目的了。回想三年前離家出國之時，母親自己傷心，而又怕我傷心，躲到廚房，背著我飲泣的情形，恨不得立即就跪在母親膝下，倒在母親懷中，去安慰他老人家。但是千里迢迢，除卻望白雲而灑思親之淚之外，有甚麼辦法呢？寫到此地，遙想母親現在不知在甚麼地方，不知情形怎樣，真是痛不欲生，到了現在還用三國時代的辦法來從事政治，實在沒有甚麼意義。

既然不能回家，打算到杭州去玩玩。動身之前，去時事新報館訪張東蓀。他是《解放與改造》的主持人，我因為投稿的關係，和他常常通信。我到了報館，他還沒有到。有個姓俞的編輯出來招呼，不久來了一人，大約是研究系的相當重要的人，隨梁任公遊歐回國的，姓名記不清楚了，俞替我們介紹。他介紹我說這是周某人，是做文章的。他的介紹實在沒有錯，但我卻萬分不高興。我當時抱負不凡，深以將來的大政治家或革命領袖自命，如今卻被人叫做「做文章的」，把我當做一個單純的文人，因此感覺到是一種輕視。文人，自然有文人的價值和重要，但是我當時卻志不在此。後來東蓀來了，卻談得非常投機。他們當時組織「共學社」，翻譯名著，請我也譯一本，我便擔任翻譯克羅泡特金的《互助論》。

到西湖住在智果寺，每日除譯書、看書外，便和幾個朋友划船、登山，有時竟跳到湖中游泳。西湖附近的名勝，沒有不到過的。但是西湖夏天熱極了。夕陽西下後，湖水把熱氣反射出來，尤其覺得蒸熱。住了三個多星期，因為熱不可耐，仍舊回到上海。

到了上海，張東蓀告訴我，陳仲甫（獨秀）要見我。仲甫本是北大教授，主辦《新青年》鼓吹新思想，為當時的當局所忌，所以棄職來滬，《新青年》也移滬出版。有一天我和張東蓀，沈雁冰，去環龍路漁陽里（現在似已改為銘德里）二號，去訪仲甫。當時有第三國際遠東代表俄人吳庭斯基在座。吳大意說：「中國現在關於新思想的潮流，雖然澎湃，但是第一太複雜，有無政府主義，有工團主義，有社會民主主義，有基爾特社會主義，五花八門，沒有一個主流，使思想界成為混亂局勢。第二，沒有組織。做文章，說空話的人多，實際行動，一點都沒有。這樣決不能推動中國革命」。他的結論，就是希望我們組織「中國共產黨」。當天討論，沒有結果，東蓀是不贊成的，所以以後的會議，他都沒有參加。我和雁冰是贊成的。經了幾次會商之後，便決定組織起來。南方由仲甫負責，北方由李守常（大釗）負責。當時所謂南陳北李。上海當時加入的有邵力子，沈玄廬等。戴季陶也是一個。不過他說，孫先生在世一日，他不能加入別黨，所以「中國共產黨綱」的最初草案，雖然是他起草的，他卻沒有加入。這個時候，這個時候，只有籌備組織，還沒有正式成立。預備在一年之中，於北京、漢口、長沙、廣州等地，先成立籌備性質的組織，然後於第二年夏天，開各地代表大會，正式成立。我在計劃擬定分頭派人工作的時候，恰當學校要開學，所以就回到鹿兒島的學校去了。

我為甚麼贊成組織共產黨，而且率先參加？第一，兩年來看到共產主義和俄國革命的書籍很多。對於共產主義的理想，不覺信仰起來；同時，對於中國當時軍閥官僚的政治，非常不滿，而又為俄國革命所激刺，以為非消滅這些支配階級，建設革命政府，不足以救中國。這是公的。第二，就是個人的動機。明人不做暗事，誠人不說假話，我決不隱瞞當時有個人的動機；我決不說假話，說當時的動機，完全是為國為民。不過個人的動機，不是升官，不是發財，不是享樂。當時如此，以後如此，現在亦復如此。提起個人享樂，沒有這樣笨人，做這樣笨的事。就是現在，也許有人以為我們的和平運動，為的是個人享受。其實寃枉萬分。據我個人現在的情形說，最愛的電影不能去看，最愛的舊劇，不能去聽，想去逛公園而不得，想去蕩馬路而不行。在家好像籠中的鳥，出外好比被押解的囚徒。每日生活，也不過日食三餐，夜眠一榻，不能像以前軍閥官僚亂作胡為，窮奢極慾。不單如此，連普通人能享的福，也不能享，普通人能做的事也不能做。這種情形，還是享福？還是受罪？當時雖然是個窮學生，不能預知現在的情形，但是確確實實志不在此。當時所謂個人的動機，就是政治的野心，就是Political Ambition。在一高的時候，正是巴黎和會的前後，各國外交家都大出鋒頭。所以當時對於凡爾賽，非常神往，抱負著一種野心，將來想做一個折衝樽俎，馳騁於國際舞台，為國家爭光榮的大外交家。後來研究俄國革命史，又抱著一種野心，想做領導廣大民眾，推翻支配階級，樹立革命政權的革命領導者。列甯，特路茨基等人物的印象，時縈腦際，輾轉反側，夙興夜寐，都想成這樣的人物。雖然現在年將半百，一事無成，但是當時意氣之豪，實可以上衝雲霄！懷著這樣野心的青年，又值著中國政治腐敗，世界革命怒潮高漲的時候，那得不本著創造的精神，去組織一個新興的革命黨！這便是我參加發起「中國共產黨」的原因。

回到鹿兒島之後，除掉上課以外，仍舊是研究馬克斯，列甯等著述，和發表論文。同時，我想要領導羣眾，除卻論文，最要緊的是演說。所以糾合十幾個中國同學，組織了一個講演會。每禮拜講演一次，練習演說。當時同學都說我有演說天才，說話很能動人。我聽了這些獎勵，越加自命不凡，居然以中國的列甯自命。現在想起來，雖覺可笑，但是在青年時代，是應該有這樣自命不凡的氣概的。

我約了幾個朋友，租了一棟房子，自己弄伙食。每天有中國菜吃，生活比較在東京舒服。但是窮苦的地方，仍舊很多。一雙襪子不破底，決不去換。夏夜蚊子多，沒有錢買蚊帳，而又怕點蚊煙，只好拿了張報紙來蓋頭。蚊子雖然可避，報紙的油墨氣，實在難聞！這一年譯完了一本《互助論》。

接著上海同志的信，知道七月間要開代表大會了。湊巧是暑假期中，我便回到上海。黨務發展得真快，不單是我們去年計劃的上海、長沙、北京、廣州，都成了組織，就是濟南也有了支部。當時陳炯明在粵主政，還沒有叛變，約仲甫去粵，擔任廣東教育委員會委員長。所以代表大會，他不能親來主持。廣東代表是公博，北京是張國燾，劉仁靜，長沙是毛澤東和一位姓何的老先生，漢口是陳潭秋，包惠僧，上海是李達，李漢俊，濟南是誰記不清了。丁默村雖然不是代表，卻是C．Y．（共產主義青年團）的活動份子，也在上海。我便算是日本留學生的代表。其實鹿兒島方面，沒有一個人參加，東京只有一個施存統。我算是代表施和我自己兩人。第三國際，加派了馬令來做最高代表。我和毛澤東等三四人，住在貝勒路附近的博文女學樓上。當時學生放了暑假，所以我們租住。沒有床，我們都在樓板上打地舖。伙食，當然是吃包飯。在貝勒路李漢俊家，每晚開會。馬令和吳庭斯基也出席。開到第四晚時，究竟是馬令有經驗，他說：「明晚一定要換個地方。我們在此一連開了幾晚會，一定使巡捕注意。」我們說反正明天只有一晚，一時又不易另找地方，大概不要緊。於是決定仍在原地。那天下午，我忽然肚子大痛大瀉，不能出門，一個人睡在地板上想工作進行的步驟，糊糊塗塗也就睡著了。大約十二時左右，忽然醒來，看見毛澤東探頭探腦進房來，輕輕的問我道：「這裏沒有發生問題嗎？」我駭了一驚，問他，纔知道是出了事。

原來他們正在開會的時候，忽然有一個面生的人跑進房來，因為當時既沒有衛兵守門，而漢俊家又是和同鄉合住。所以此人上樓，沒有人去阻止。他進房來一看，便道：「對不起，走錯了。」說完，立即退回。究竟是馬令機警，他說：「快散了罷，一定是偵探。」於是立即散會，只有公博還留著與漢俊閒談。不到一刻鐘，法國探目，安南巡捕，中國包打聽，把房子圍住，一湧上樓。探捕問他們為甚麼開會，他們說大家都是北大學生，因為要出一種雜誌和叢書，所以開會商議。探捕又問為甚麼有兩個外國人。他們說兩人是北大教授，請他們指導。一個中國探捕指著公博道：「你不是日本人嗎」？原來公博雖然自信他的北京話，說得和北京人一樣，而別人聽起來，卻好像是外國人說中國話。所以硬指他是日本人。經了好久的說明，纔證明他是廣東人。巡捕看見漢俊書架上，全是社會主義的書，於是大教訓一頓，說不應看這些書。問了一刻，也就去了。僥倖巡捕沒有搜身。他們兩人衣袋內，都放有共產黨黨綱草案，如果搜出，還有不進巡捕房的道理！公博當時帶著新婚夫人度蜜月，住在大東旅社。巡捕走後，他怕有人跟梢，不敢逕回旅館，繞了幾個遊藝場，纔回旅館。那知他緊隔壁的房中，當晚發生一件姦殺案，開了兩鎗，打死了一個女人。公博夫婦，真嚇得魂不附體。毛澤東以為博文女校，也一定被發現了，嚇得不敢回去。在遠遠的地方，探頭探腦偵察了半天，纔敢進去。這些話，都是我以後聽見他們說的。

我聽了毛澤東的報告以後，覺得功虧一簣，實在可惜，和他商量明日一定繼續開會，但是上海租界內恐怕不行了。我忽然想起李鶴鳴（達）的夫人是嘉興人，何不去嘉興開會。於是便立即跑到漁陽里去商量，因為鶴鳴住在仲甫家裏的。我們商量決定，鶴鳴夫人明日早車赴嘉興，先雇一隻大船等著，我們第二班車去，乘船遊南湖。於是連夜分頭通知各人。到了第二天，三三兩兩的到北站上車，我也抱病前往。到了嘉興，早有鶴鳴夫人在站等候，率我們上船。當地的人，以為是遊南湖的，也不注意。我們把船開到湖中，忽然大雨滂沱。我們就在船上開起會來，通過黨綱和黨的組織，並選舉陳仲甫為委員長，我為副委員長，張國燾為組織部長，李鶴鳴為宣傳部長，仲甫未到滬的時期內，由我代理。「中國共產黨」，就這樣在煙雨蒼茫，湖波浩渺的孤舟中，正式產生了。當時我們對於這個黨，是懷著滿腔希望，而且舉全副精力去奮鬥的。那知道以後參加了惡劣的份子，越變越壞，竟變成殺人放火，屠城洗寨的流匪，和張獻忠，李自成一樣的殘忍。所以當時第一次全國代表的人物，大部都先後宣告脫黨。公博回粵不久，就赴美留學，無形的退黨了。李漢俊，李鶴鳴和我，在十三年前後，都先後脫離了。劉仁靜被開除變為托派了。我們當時的最高領袖陳仲甫（獨秀），在十八九年的時候，也脫離了。張國燾在國民黨興勦共之師後，在鄂東還活躍了許久，但是二十六年也脫離了，現在在重慶，和陳立夫一起，做反共的工作。我以後二十六年秋，和仲甫在南京見面，二十七年春，在漢口和國燾見面，回憶前塵，都有隔世之感。我們發起共產黨的時候，做夢也沒有想到會惡化到變成流匪。作俑的人，實在是罪孽深重！

大會完畢之後。一面指派各地的負責人，分頭前往工作，一面在上海活動起來。我們覺得實際工作，要從勞動運動做起。於是便成立了一個「勞動組合書記部」，以發動並指揮上海勞工運動。「勞動組合」是日本名詞。「書記部」是俄國名詞的翻譯。把一個日本名詞和一個俄國名詞合併起來，做一個勞工運動組織的名詞，是費了許多心思纔想出來的，可見得當時的幼稚了。但是苦幹的精神，卻可佩服。例如在日本人經營的紗廠的工人，想學日本話。我便在工人羣居的地方，開一日語夜校。我自己每隔一夜去教兩小時。「到民間去」的口號，我們都做到了。不僅這件事，當時的經費，是俄國供給的。我和馬令見面，不是在新世界，大世界，便是在永安公司的屋頂花園。在祕密工作正幹得起勁的時候，暑假快完了，我不能不回到學校去上課，所以迭電催促仲甫來滬，以便交代工作，再去鹿兒島。仲甫果然辭了廣東職務，到上海來了。誰知他到上海之後，突然發生了一件意外事件。

現在記不清了，不知為一件甚麼事，仲甫和馬令，雖然沒有見面，意見卻不一致。仲甫是一條硬漢，一定要馬令認錯，纔肯見面。而馬令卻不肯認錯。正在這樣相持的時候，有天我在仲甫家商量妥協方法，卻被仲甫夫人拉著打牌。滑稽極了，仲甫夫人，楊明齋（俄國回來的山東人）和我三個人，打起麻將來了。仲甫和力子，在樓上談話。忽然包惠僧跑來說：「我剛從輔德里來，路上遇見密斯楊到你那裏去了。」原來我的祕密住處，在南成都路輔德里，我那時正和淑慧戀愛著，是鶴鳴夫人介紹的。聽了惠僧的話，我就把牌讓給他打，回到輔德里，淑慧正在等著，我便約她到法國公園去散步。經過漁陽里，她要去看仲甫夫人，被我阻止了。公園散步之後，我送她回家，順道去看馬令，他託我帶一封信給仲甫，竟把第三國際代表的頭銜拿出來，信中對仲甫說：「如果你是真正的共產黨員，一定要聽第三國際的命令。」我帶著這封信再到漁陽里，已是黃昏時候了。敲開了後門，忽然一個山東大漢問道：「你找誰？」我說：「找陳先生。」他說：「不在家。」我立即覺得很奇怪，馬上退出。我想仲甫家裏沒有這樣的人，何以這樣兇？回到輔德里不久，陳望道神色倉皇的走來說：「仲甫、力子、惠僧、明齋、和仲甫夫人，都被捉到巡捕房去了。你這裏一定很危險，趕快把重要文件燒掉，去躲避一下。」我聞訊之後，非常驚異。後來聽見大家說起，纔知道原委。原來我走後半點鐘，巡捕來包圍，把一切人都捉去。惠僧做了我的替身，他不來報告密斯楊的事，當然被捉的是我，決不是他。經過漁陽里時，如果聽淑慧的話，去看仲甫夫人，我和淑慧也都要被捉。這兩關，我都逃過了。巧不巧呢？這還不算危險，還有危險的事。原來仲甫到了巡捕房，不承他自己是陳獨秀。巡捕房以為沒有捉到陳獨秀，所以命令把守他的房子的包打探，不論是誰，凡到陳宅去的，都要捉去。湊巧褚輔成去訪仲甫，包打探不問青紅皂白，把褚也捉去了。褚到了巡捕房，上級人員是認得他的，問他何事到陳宅去，他當然說是訪陳，又問他是否認得陳獨秀。他說不認得怎麼去看他。捕房人員說帶他去看。於是帶他到拘留的地方。仲甫看見褚，正要打手勢叫他不要指出，而褚卻先大聲喊道：「仲甫，這是怎樣一回事！」於是事情弄穿了。捕房遂通知把守陳宅的包打探說，陳獨秀已經捉到，以後來的人不要再捉了。我正是包打探接得通知之後，纔去送信的，否則，一定也要被捉去。身上搜出第三國際代表的公文，真贓實犯，還有不判幾年徒刑的嗎？這些話，也都是以後大家出來，對我說的。我逃脫這第三關，真是大家之福。不然，一干人都要監禁幾年。力子和仲甫夫人，當晚就保釋了。但是營救仲甫卻很費事。正在這個時候，又發生一件重要的事。

原來民國十年，美國召開華盛頓會議。第三國際，認為這是宰割弱小民族的會議，所以在伊爾庫茨克召集了一個遠東弱小民族會議，以謀抵抗。中國方面，要召集工人，農民，商人和青年的代表六七十人，派去出席。時間非常侷促，而又毫無準備，急得我毫無辦法。商量數次，以廣州為中心的南方各大都市，和以北京為中心的北方各都市，都派人去召集，長江一帶，由我親自出馬。於是把營救仲甫的事，托付力子等人，乘直航長沙的輪船逕赴長沙。

渡日的時候，由長沙到上海，所坐的船，不僅不是統艙，而且連四等艙都不如，是坐臥在運滬的米袋上的。這一次因為掩護起見，坐了官艙。第一次吃飯的時候，五六個茶房，站在周圍侍候盛飯，我坐著非常不安，因為我這還是第一次經驗。我覺得同是一個人，為甚麼我們可以坐著吃飯，他們卻要立著伺候？但是過了兩三天，也就習慣了，不覺得甚麼不安。可見得一個人真誠而純潔的靈魂，是容易墮落的。不過尊重人道的基本觀念，我還是非常濃厚的。跟隨我的副官們，不是做錯了事，我決不隨便責罵，對於其他的屬下，更不必說。但是偏有人說我是官僚，架子大。這真是天大的寃枉。有許多人我不能接見，實在沒有時間。我的時間，是要用在最有效的工作方面，那裏能夠用去聽別人背履歷，發牢騷呢？時間實在不夠支配，連星期日都要會客，辦事，敷衍不周到，自然是必有的事，那裏是架子大？也許我的環境使人看起我來好像是官僚，其實我的書生本色，始終絲毫沒有改變。誤會的事，實在很多。去年由日返國，經上海坐夜車到南京，天氣又冷又早，我萬想不到會有人在車站接我。下車一看，車前站著財政部和中儲的高級同事。我以為只有少數人，所以點頭致謝外，就出了車站。以後有人告訴我，當時去接的，還有社運會等機關的許多人，看我沒有和他們打招呼，事後罵我架子太大。其實我那裏知道有這許多人去接呢？這些事不必解釋，也不必求人諒解。不過寫到此地，不覺自然而然的順筆寫起來。言歸正傳，離題出軌的話，不要再多說了。

到了長沙，住在當時有名的大吉祥旅館。連夜去看毛澤東。他那時在曾公祠辦了個自治大學。沒有教授，也不上課，而名之為大學，可見得五四運動後當時文化界之混亂了。他就住在校內。我進去後，遠遠看見他在燈下看書，原來是用紅筆圈李後主的詞。他看見我忽然到來。駭了一跳。我告訴了原委，便連夜商量辦法。三天之內，召集了二十餘人。當然大部分是青年學生，農民一個沒有，工人卻有兩三個。我分別見面，指定了集合的日期和地點，並分發川資後，就離開了長沙。當時軍閥雖然沒有特務工作，也沒有藍衣社，但是卻也有他的偵緝隊，不過不大靈敏罷了。我上了船走了半天，趙恆惕纔派人到大吉祥去搜查。去年決心回家省母，而道路不通，今年到了長沙而不能回家，世界上的事，真是不由人算！不單是不能回家，而且因為祕密工作，連信也不好由長沙發，只好惘惘悵悵，離開長沙。

到了漢口，便去武昌尋陳潭秋，他在一個中學當教員。和他商量，在兩日之內，約集了十餘人。閒時和他去遊黃鶴樓，望著長江景色，真是「日暮鄉關何處是，煙波江上使人愁。」照例和各人分別談話後，於是隨流而下，到了安慶。這個地方，沒有熟人。在上海時，老早托高語罕介紹了兩個人，於是拿著信去尋。但是這兩人並非黨員，而安慶也沒有黨員，所以比較費事。他們約我遊菱湖公園和臨江寺，一面遊玩，一面說明，住了兩天，好不容易纔集了五六個人。於是又以安慶兩個新友的介紹，到蕪湖赭山的第五中學去訪一位學生。在此地也約了二三人。經過南京，並不勾留，一直回到上海。這次派赴伊爾庫茨克開會的青年，以後大部都到莫斯科去留學。後來共產黨的新興幹部，一部就是這一批先生們，一部乃是法國回來的勤工儉學的學生。這兩部分人，在共產黨內，磨擦得很厲害，而其勢力，也互為消長。這是後話。

到了上海的時候，仲甫已經出獄，並和馬令見面了。學校早已開學，我便把經手的事，交給仲甫，偕淑慧渡洋，到鹿兒島去了。去年看報知道仲甫在四川江津逝世，回憶故人，悽愴欲絕。

我在上海和長江一帶活躍的情形，鹿兒島的中國同學，都不知道，而日本警察卻知道了。到了鹿兒島後，他們暗中對我，非常監視。我的導師門脇先生也警告我，要我注意，否則，有被開除學籍的可能。於是我便老老實實的用功，好在在鹿兒島也沒有活動的餘地。日本高等學校每年兩次的學期考試，是非常嚴格的。不單是中國留學生留級的很多，日本的同學，留級的也不少。甚至有留兩三年的。一位山西同學，和我同住，每一年級，必留一次，人家只要三年，他卻讀了六年。很佩服他有毅力，終於畢了業。我是很怕考試的。因為平常課外的閱讀和譯作，佔了我許多時間，學校的功課，除卻西洋史一類自己愛好的，和英文德文一類每日要繳卷的東西以外，平日是睬也不睬的，一定要到考前一兩週，纔臨時抱佛腳去連夜趕看。考試的關頭，真不易過，就是現在，還常常做夢，夢見考期快到，而許多東西，還沒有看，心中著急，急醒過來，原來是夢。可見得考試給予我的印象的深刻了。但是僥倖我一次都沒有留級，很順利的畢業了第七高等學校。

鹿兒島實在可以留戀，櫻島朝霞，磯濱夕照，時常在我夢中。四年來，屢次經過福岡，飛往東京，總想到鹿兒島去重遊名勝，再訪母校，因為時間的關係，終不可得。但是無論如何一定要設法，以償宿願。

究竟進東京帝大或京都帝大，費了不少的考慮。當時有名的馬克斯主義的權威者河上肇先生任京大教授，我因為要進一步研究馬克斯主義。所以便入了京大。當我偕淑慧甫抵京都車站的時候，便服警察，就迎上前來，問我是否周某。因為我從鹿兒島動身的時候，那裏的警察，早已電京都報告了。我們在學校後面的吉田町，租了牧田家的樓上兩間屋子住起來，自己開伙食。當時大學生的官費，是每月七十二圓。兩夫婦每月用七十二圓，自然拮据得很，所以不用下女，一切買菜、燒飯、洗衣，都由淑慧自任。有時官費沒有寄到。便把衣服或書籍，拿到當裏去當。起初去當，倒有些難為情，以後也無所謂了。

當時先生，除卻河上肇外，我最愛聽以後曾任商工大臣和鐵道大臣的小川鄉太郎的財政學，小川口如懸河，像個政治家。河上一副冷靜的面孔，嚴肅的聲調，真可以領導人走上冷靜研究的道路。在大學時期，我每日是過的圖書館生活，連午飯都是帶乾糧去吃。只是晚飯後，或偕淑慧到附近田野間去散步，或一個人去跑舊書店。有了好電影，一定去看，但是都是一個人去。因為一則由吉田町到電影區的京極，相當的遠，我來往都是步行。二則當然買的是最低的等級，常常沒有座位，要立著看。當時日本放映時間很長，一立就要立三四個鐘頭。有時站得太吃力，只好蹲著休息。我是電影迷，情願吃這樣的苦。淑慧自然不會這樣。所以大概是我一個人去。在京都也組織了一個講演會，每週練習講演。有次我的演題。是「資本是甚麼」？本著馬克斯主義的立場，說明資本的本質，發生和發展，深得同學的好評。現在回想起來，當時情形，猶歷歷在目。

幼海是京都出世的，當時窮的要命，淑慧生產的時候，當然不能進醫院。生產的那天，恰好大雨，牧田老太太連夜於大雨中去接產婆，以後時常幫忙淑慧，撫養小孩。她這樣的熱心，我們非常感激。前年淑慧赴日，特地到京都託警察查了出來，前去拜訪。我由東京返國，經過京都時，也去看了她。事隔二十年，我們還特地去訪問，日本報紙對我們這樣的念舊情殷，都非常讚譽。多了一個小孩子，事情就多得多。有時我正苦心焦思，研究一個理論的時候，小孩大聲啼哭，真是心煩。淑慧除燒飯，洗衣外，又加上撫養小孩的事，生產之後不到四天，就起來燒飯，可見得當時的艱苦了。有次我去上課，她去買菜，把小孩一人放在房中，忽然房中蓆子，著起火來，剛好那時她回來，已經滿房都是煙，小孩悶得氣都閉塞了。如果她遲回去十分鐘，房子就會燒掉，小孩也要葬身火窟了。這也是很危險的一件事情。

沒有考進學校，非常憂慮；學校快畢業，卻又非常恐慌。沒有進學校，不能領官費，飯都沒有吃，那裏能讀書？畢業離開學校，官費不能再領了；如果找不到職業，飯都沒有吃，那裏能革命？那怕你志氣比天還高，那怕你野心比海還大，不能生活，甚麼都是空的。志氣不能充飢，野心不能禦寒！咳！生活，生活，這兩個字，古往今來，不知埋沒了多少英雄豪傑，志士仁人！我當時有兩個打算：第一，最理想的是做北京大學的教授。因為五四運動，新文化運動以來，北大很出鋒頭。陳仲甫，李守常也都是那裏的教授。做了北大教授，地位既可以號召，也有相當的虛榮。但是唯其如此，北大教授，是不容易到手的。想的人既多，而當時北大學閥的門，又關得相當的緊；那裏能夠如願？第二，不得已而思其次，想到上海商務印書館當編輯。看見很多留日同學，在那裏任編輯。薪水最多的，每月是一百五十元。我想如果能得到每月一百五十元，也可心滿意足了。但是談何容易！商務的編輯，雖然沒有北大教授那樣困難，但是也不容易到手。到政府機關去運動一官半職，既然不是我的志願，也不是一個共產黨黨員所應為。這件事情，雖然用盡心思，沒有辦法，但是卻從天外飛來一個意外的機會，很輕鬆的把這個問題解決了。

原來國共正式合作，國民黨開了第一次全國代表大會之後，許多共產黨都加入了國民黨。這就是所謂跨黨份子。我當時雖然還沒有正式加入國民黨，但是戴季陶先生，卻約我去廣東幫忙。他當時任宣傳部長，要我任祕書，每月薪水大洋二百元。（當時廣東，都用毫洋。）後來到了廣州，鄒海濱（魯）又要我兼任廣東大學教授。別的教授，每月只有毫洋二百二十元，而對我卻送大洋二百四十元。當時要求一個每月一百五十元的商務編輯都不可得，現在每月卻有四百多元的收入。加之那時廣東，革命空氣，非常濃厚，革命工作，非常緊張，事事都表現前進向上的蓬勃氣象。所以我由學校一出來，就得了這樣的地位和工作環境，實在是始料所不及。但是這些都是後話，當在學校還沒有找得職業出路的時候，實在焦急萬狀。我想快要畢業的無數青年，沒有一個不是這樣情形的。大家不要著急！「山窮水盡疑無路，柳暗花明又一村。」只要預先播了「努力」的種子，雖然一時覺得山窮水盡，終究會出現柳暗花明的境界的。

我不是道學先生，也不願意學道學先生。老實說，我秉性也不許我怎樣拘謹。回國以後，也曾有過不少的放誕行為，浪漫事實，但是在留學的八年之中，卻真正過的是清教徒的生活。不單是沒有一件足以稱為「羅曼史」的豔遇，連狎遊也沒有嘗過一次。現在可以回憶的只有一件平淡無奇的事，我是愛吃酒的，量雖不大，興致卻豪。在到鹿兒島的第一年，有一晚和同學痛飲，大醉而歸。不知道如何於歸途中倒臥在路旁。我當時住在城山後面一個僻靜地方，叫城谷，往來的人，非常之少。彷彿有位妙齡女郎，扶我起來，而且扶送我回家。我進了「玄關」（大門）馬上又倒在蓆上，只說一聲「謝謝」，也沒有看清這位女郎的面貌，更沒有問她的姓名。次日酒醒，也就忘了。兩三日後，在赴學校的途中，遇見一個女學生，向我微笑，我以為是偶然。也不注意。不久，又遇著，仍是微笑，並且好像要和我說話一樣。我以為是認錯了人，但是覺得非常奇怪。第三次又遇著了。本來想問她一句，不過當時臉薄得很，和女人說話，臉就要紅。我們用了一個老太婆管家，她有一個十七八歲的女兒帶來同住，也生得相當秀麗，我和她說話的時候，眼睛總不敢對她看。就是現在和初次見面的女人說話，也覺得非常不自然。所以當時雖然要向那位小姐談話，真是欲言而止者再。倒是她走近來先開口道：「那天晚上，你的酒，吃得真太多了。」我恍然大悟，回想起那晚扶我的女郎。以後便常常遇見，因為我們學校的對門，是一所高等女子學校。她到學校去上課，常常途中相遇。路上沒有人的時候，我們都常常談話，而且越談越親密。但是我卻沒有問她的住址，當然沒有去拜訪她。如果進一步的追求，當然大有成為真正羅曼史的可能，但我卻就此中止了。這便是我留日八年，唯一無二的夠不上算豔遇的豔遇。

往事如煙，前塵似夢，一一追溯起來，倍覺光陰虛度，老大徒傷。二十年來經歷了事業的艱難，體驗了世途的險阻，當年的抱負，昔日的野心，好像過去的事實，如夢一般的消逝了一樣，也如煙一般消逝了。今後只希望盡自己一點微力，俾能對於國家和人民，略有涓埃的貢獻，以了此殘生，其他還有甚麼冀求呢？

盛衰閱盡話滄桑

祇要把從古到今的歷史，翻閱一遍，任何人都會感覺世事無常，人生靡定，而有盛衰興亡之感。不過在紙面上閱讀所生的感覺，決沒有由實際經歷而發生的那樣痛切，那樣深刻。「王侯第宅皆新主，文武衣冠異昔時。」這類的滄桑之感，不是親身經歷，決不會體念出其中所含的無限變幻莫測的淒涼酸辛的味道。

我年齡不過四十餘歲，參加政治生活，也不過十六七年，所親自經歷的事情，較之幾朝遺老，革命先輩，當然要少得多，配不上說閱盡興亡，歷盡盛衰。不過自從中華民國成立，至今三十一年，在這個短短的時期之中。所發生的盛衰升沉的事實，實在比昇平時代一百年中所發生的要多得多！所以浮沉於這個三十一年中的人們，其所遭遇的變化，其所感覺的滄桑，一定比昇平時代的三十一年，要豐富而深刻得多。就我個人說，以國民革命時代以前的變化，例如民初的雨後春筍般的政黨潮流的漲落，洪憲的興亡，以及以後北洋各系軍閥的走馬燈式的離合盛衰，雖然祇在報紙上閱讀，已經令人感覺得白雲蒼狗，變幻無窮了。自從國民革命以後，雖然祇有十九年，卻親自經歷過許多突起突滅，時分時合，忽盛忽衰的悲劇和喜劇，令人啼笑皆非，悲喜莫是。在這樣起落不定的澎湃潮流中沉浮了十幾年，焉得不令人感覺得個人的事，無一不是空的，而發生消極之思呢？成固不足喜，敗亦何必憂。得固不足樂，失又何必悲。榮華富貴，權位利祿，轉眼皆空，何必勞形苦心於這些身外之物追求和爭奪呢！

我是民國十三年五月由日本京都到廣州的。當時　國父任大元帥，正是國民黨第一次全國代表大會之後，國共開始正式合作的時候。當時革命基礎，真是風雨飄搖，談不到穩固。我們且不說廣東省以外的各省，都為張作霖、吳佩孚、孫傳芳、張宗昌等大軍閥，以及其他許多小軍閥所盤踞；就是廣東省以內，陳炯明割據於東江，鄧本殷虎踞於南路，革命根據地，不過是廣州府屬及北江、西江的二十餘縣；我們且不說革命根據地以外的軍閥，就是革命根據地以內，那裏能夠統一指揮。當時有粵軍、湘軍、滇軍、桂軍。而最強有力的滇軍，卻跋扈異常，桂軍力量雖不大，而作惡卻是一樣。干涉行政，把持稅收，包庇煙賭，竟是無惡不作。粵軍湘軍，為自存計，當然程度稍有差別，辦法也是一樣。而且在廣州，肘腋之下，還有和英國勾結的商團。在這種革命環境之中，當時誰也做夢都想不到四年之後，革命軍可以直搗幽燕，完成北伐，使國民黨統一中國。

從十三年下半年到十四年年底一年半的時間內，咆哮的商團解決了，跋扈的滇桂軍消滅了，負嵎的陳鄧驅除了。當時氣燄薰天，炙手可熱的反革命和假革命的軍政巨頭，一個個抱頭鼠竄的亡命去了。革命政府，改為國民政府，於七月一日成立了。在國民革命，固然是初步成功，在他們個人，何嘗不是從極得意的地位，變成極失意的情形？何嘗不是從有權力地位，變成了黃粱一夢！這些經過，我都親自經歷，有些而且參加的。在我們成功者歡欣鼓舞的一方面，正反映著別方面失敗者的垂頭喪氣。

正在這個時候的前後，本黨的領袖之間，因為廖仲凱先生被暗殺一案為發端，發生了極劇急，極激烈的分離和排斥的運動。外患甫平，內憂突起。十四年下半年至十五年上半年之交，黨內各領袖間關係變化之劇烈，真令人目眩神迷。其中經過，不必詳敘，但是當時卻不能不令我發生世變莫測的深刻的感慨。

十五年七月北伐了。當時對北伐的前途，誰也沒有絲毫把握。北伐軍隊，不過是七湊八湊而成的七八萬人。無論在數量方面或質量方面，都趕不及盤踞長江上游的吳佩孚及盤踞長江中下游的孫傳芳的軍隊。（張作霖的軍隊，還不在內。當時的策略，是攻吳聯孫不理張。）但是精神的力量，竟克服了物質的缺憾，經過汀泗橋賀勝橋兩役，革命軍竟如摧枯拉朽的佔據了漢陽和漢口。武昌圍攻了一月，在十五年雙十節那天進了城。當時總政治部在漢口的小同志，精神奮發，分乘著汽車赴漢口市各地去發傳單。我也很高興的坐著一輛汽車伴著他們去宣傳。城破之後，總司令行營，便搬進了武昌的「督署」。我奉命為行營秘書，襄助行營主任鄧演達。叱咤風雲，睥睨一世的吳大帥，竟這樣輕易的打倒了。一朝天子一朝臣，武漢陡然產生了許多新貴，同時另一方面，當然又產生了大批失意的政客和官僚。不久，九江、南昌相繼佔領了。武漢形勢，越加鞏固，而孫傳芳卻敗走南京城。從十五年秋，到十六年秋，不僅長江方面，革命勢力日益發展，因為馮玉祥師出潼關，革命軍攻出武勝關，以及奉軍南下與革命軍對壘，整個北方的局勢，也發生極大的動搖和變化；就是本黨的內部，也發生了極大的分化。隨著革命勢力的發展，國共的磨擦，黨內的糾紛。也同時激盪的發展而尖銳化。

當時我奉命為中央軍事政治學校祕書長兼政治部主任，校長是蔣先生。鄧演達代理校長，張文白（治中）為教育長。鄧的兼職很多，張也兼學兵團團長，另外在湖南訓練三四千人。所以學校的事，大半由我主持。當時最痛苦的，就是應付國共的磨擦。我已於十三年冬在廣州脫離了共產黨，所以共產黨對我，自然是對立的。同時國民黨的右派，卻認我仍然帶有紅色，時加以監視和牽制。當時工兵隊和礮兵隊的學生，是從黃埔調來的，步兵學生二千餘人，則是在武漢新招的。我是學生招齊了之後，纔被調到學校，所以新招的學生，三分之二是共產份子。十六年一月蔣先生由南昌到漢口，有一晚我深夜去看他，把學生份子複雜的情形報告他，他雖然要我切實的監視，但是也沒有具體辦法。記得當晚去訪的，還有當時被共產黨壓得氣都透不出來的葉楚傖。他也是祕密的去談國共的問題的。

革命勢力既已發展，國民政府當然不能蟨居廣州一隅，而要遷移了。當時本決定遷移武漢，而蔣先生因為武漢幾全為共產黨所支配，而且唐生智也另有打算，所以主張暫遷南昌。為了這個問題，不單是國共之間，爭鬥激烈，黨的內部，也非常糾紛。結果，還是遷到武漢。蔣在武漢不過幾天，就回南昌，準備攻略南京。當時共黨對我和文白，更加嚴密監視。蔣於南昌出發之前，曾三電文白，叫他帶著學兵團赴安慶待命，作為總預備隊。三電沒有得覆，遂打電來問我。我去詢文白，纔知道當時文白的往來電報都被扣留了。我遂回了一電，究竟接得與否，以後也沒有去查。但是因此共黨對我監視越加厲害，請鄧演達派了有名的共黨惲代英來做總政治教官，實際上執行政治部主任的職務。我常稱病不到學校，惲常打電話到我家，明為商量事務，事實就是偵察。我一接電話，便裝作咳嗽，他便笑說：「不要從電話中把傷風傳給我」。文白隨著被迫辭去學兵團長及分校教育長的職務了。那時我們都有離開武漢的決心。有一晚在漢口的一個小旅館和文白密談，他決定先去，並送我三百元，作為緊急時的旅費，當時的三百元，值得現在的三萬。所以他的盛情，我至今不忘。文白去後，我時時準備逃走，但是因為妻兒都在武漢，而輪船碼頭上共產黨的工人糾察隊，稽查更加嚴密，我如被發現逃走，不待說是處死刑。因為當時的糾察隊，是可以隨便殺人的。

在這個時候，革命軍佔據了上海、南京，不僅孫傳芳打得棄甲曳兵而走，張宗昌的援軍，也如秋風掃落葉似的，趕回山東去了。於是國民革命軍遂奠定了長江流域。

南京克復之後不久，就是十六年四月，南京又成立了一個國民政府，和武漢的國民政府，遙相對峙。

我那時在武漢脫身不得，正在百計圖逃的時候，四月下旬，忽然夏斗寅的軍隊，舉起反共的旗幟，由宜昌東下，直迫武昌。那時第四第八等主要的軍隊，已開往河南，武昌沒有有力的軍隊，足以抵抗夏軍。於是把我們學校幾千學生，編為一個獨立師，開出去打仗。當時如果要我一同出發，那就會永久不能脫身。僥倖他們不要我去，惲代英以代理政治部主任名義，隨軍出發，我仍留校留守。那時因夏軍逼近，共產黨也深為恐慌，以全力集中去應付，稽查得沒有那樣嚴密了。我想此時不走，更待何時？於是在漢口法租界開一個小旅館，妻兒以看戲洗澡為名，過江住在旅館，好在沒有甚麼貴重物品，不過幾件隨身衣服，也很容易陸續運過江，正在這個時候，我們的老友陶希聖忽來談；我便告他我要走了，並勸他也走。他說隨身只是軍裝，沒有便服，不易逃脫。我太太淑慧，就把我的長衫短褲送了他一套。誰知以後他竟沒有走，竟做了學生改編而成的獨立師的軍法處長，被逼殺了不少的國民黨同志。以後武漢分共的時候，還隨著這個隊伍跑到南昌。一直到葉挺、賀龍等共產黨在南昌暴動的時候，纔能脫身。可見遇緊急關頭，如果不當機立斷，沒有不貽誤的。不過他沒有把我要走的話去告密，這還算是夠朋友的。這些閒話，不必多提。

那時我岳父也在漢口，他認識太古洋行黃浦輪船的買辦，和這位買辦商量好，在清晨六時左右，由他接我上船，住在買辦房中，以後妻兒陸續也上了船。一上了船，我便安心了。因為那時漢口英租界雖然收回，英帝國主義，仍有餘威，共產黨無論如何猖獗，還不致上船搜查。於是就如此這般的於五月初間離開了漢口。以後聽見說，他們發現我逃脫，立即電九江軍警截留。幸而這隻船在九江沒有靠岸，就此脫出虎口了。

誰知跳出了天羅，卻跌入了地網！世事固然變化莫測，但也不是無緣無故而發生的。前面曾略提過，黨內的右派，還以為我帶有紅色，所以我也特別小心，打算先到上海。到上海後，電蔣先生及張文白、戴季陶等朋友，然後再到南京。所以船經南京並未上岸。以後船到鎮江略定即開。船開後，買辦神色倉皇到房裏來說，南京派了四個偵探坐火車到鎮江，上了這隻船，說明我在這船上，到了上海，便要逮捕。我深覺事情離奇，百思不得其解。以後纔知道我偶爾到甲板散步，被幾個同樣由武漢逃出的政治工作同志看見了。他們認為我是共產黨，南京上了岸，立即去報告當時總政治訓練部副主任陳真如（銘樞）。（主任是吳稚暉不管事的。）陳便派人跟蹤，並電上海逮捕。這些話都是以後他自己告訴我的。當時便同岳父和淑慧還有幾個同行朋友商量，決定到滬我先上岸，立即分電各方。他們隨後搬運行李。到了楊樹浦已經是晚上九點多鐘了。岳父送我上岸，叫了一部汽車，看著開車了，他以為無事，便回船去帶領我的妻兒上岸。誰知車開不到三分鐘，忽來了大批巡捕，把車阻住。有人拿電筒把我一照，就叫我下車，一副手鐐，立即銬上了我的雙手。我心裏想：「真的被捕了。」

世界上的事情，真是離奇滑稽。奉命來捕我的，便是現任內政部長陳人鶴（羣）同志。我在人羣中看見了他，便很高興的高呼：「人鶴！我來了。」他那時也是上命差遣，概不由己，或者以為我真是共產黨，所以便假裝沒有聽見走開了。他當時的地位，除此別無他法，也難怪他。我當時便想如何能通一個消息與淑慧；恰巧同行的一個留日同學經過身旁，我便用日語告訴他，我被補了，要他通知淑慧。不久我便和其他五人一併帶到巡捕房。後來聽說當時立即要把我引渡到楓林橋的特務處去，卻因為那時已是星期六晚上，第二天又是星期天，所以我便在巡捕房關了四天。僥倖有這四天的餘裕，淑慧纔能向各方奔走營救。如果早一兩天引渡過去，那真是「吾命休矣」。因為那時殺個把人那裏算一回事。

當晚五個人被送進一間牢獄去，中間已睡了十二三個人，都是蓬頭垢面的，一個個像是惡魔。我當時疲倦萬分，在人縫中擇一個隙地，納頭便睡。次晨星期日，把我們數人帶到另一空房。這一天昏沉沉的過去了，顆粒未曾入口。在那種情形之下，就是甚麼珍饈美味也都不能吃下去，何況是不能下嚥的牢飯！星期一中午時分，有人在門外叫我的名字，我從鐵門上小小的洞口看出去，原來淑慧站在門口。這個時候，我不禁潸然淚下。原來淑慧接得消息後，急得要死，半晌不省人事。後來精神略定，便去找文白，湊巧他赴杭，遂託其家電杭報告，再去找季陶，而季陶又在南京。當時上海傳說共產黨捉到就殺，淑慧不知我當晚究竟在那裏，一定要查明我的所在地。虧她忽然想起老友郭復初（泰祺）。他那時做著上海特派交涉員。她於是到他原寓去找，卻已遷居。深夜一時許坐車到楓林橋交涉使署，纔探到新的地址。再找到新的寓址，復初夫婦，剛剛跳舞回家，適王雪艇（世杰）亦在座。於是他們立即電話吳稚暉先生，請他即請楊嘯天（虎）——時做特務處長——營救。但是我究竟在那裏，當晚終未能查出。星期日費了一天的工夫，纔查出我關在楊樹浦巡捕房。所以星期一特來探監，送一些吃的東西。她告訴我報上已登出我被捕的消息，各方面都已打電報去了，勸我放心。我也安慰了她幾句，斷腸人慰斷腸人，談話不到十五分鐘，便被無情的牢子硬叫她出去了。但是我卻因為她的一次探監，精神上得到了無限的安慰，也就安心靜候了。星期二上午坐著囚犯的車子，被帶到第一特區法院出堂，法官倒也客氣，問了幾句，便令回押。淑慧運動就在法院保釋，當時院長是廣東大學同事盧興原，也很幫忙。但是終於星期四被引渡到楓林橋特務處了。

特務處借著一間洋房做臨時牢獄，我進去時中間已有十餘人。這裏的牢飯，比巡捕房的好得多。不過在巡捕房不要銬手鐐，此地卻要銬。而且大概因為手鐐不夠的原故，兩個人銬一副。大小便時，固然極不方便，因為一個人大解的時候，一個不要大解的人，硬逼得要立在旁邊等，就是吃飯睡覺的時候，也極不方便。大約兩天之後，文白跑來看我，看見鐵索瑯璫的情形，便上樓和楊嘯天大吵一頓，於是我的手鐐。便因此除下了，雙手自由之後，多了一件差使——就是吃飯的時候，為被銬手不自由的同伴盛飯。坐在內裏的心理，有時希望外面叫我出去，有時卻又怕被叫。因為同房被叫出去的人，有些雖然仍舊回來，背上卻被打得皮破血流。有些一出去就不回來了。這些人中，有些是被釋回家，有些卻被送到老家，所以又想被叫，又怕被叫。大約三天之後，門外真的叫出我的名字了。禍福不可知，吉凶難預料，祇得硬著頭皮出去。卻原來是審問。一個年輕的小伙子做法官坐在上面，我因為眼鏡被取去。近視眼看不清楚，面孔好像認得，他開口便說：「在廣州我常聽你講演，現在你卻要受我審問了。」我聽見了這樣揶揄的腔調，真是無名火高三千丈，幾乎要罵出來。立即便想到好漢不吃眼前虧，他雖然是毛頭小子，我現在卻是階下囚。於是便「他問一句來我答一聲」。約莫二十分鐘左右，忽然有人送一個條子給法官看。他看了便說：「現在不審了，你太太來看你，你去會她罷！」原來淑慧正在這個時候，要郭復初陪著她見楊嘯天，要求見我。嘯天無法，遂下條停止審問，並要我上樓和淑慧見面。淑慧告訴我當晚赴南京託季陶，因為當時蔣赴徐州作戰，南京上海主張殺我的人都很多，陳真如不敢負責釋放。當時是沒有錢買臥舖的，可憐淑慧晚上坐著三等車來往了幾次，而且有時沒有坐位，竟站立幾個鐘頭。

這樣糊糊塗塗，在牢裏再住了大約兩個星期。同住十餘人，也不知誰是真的共產黨，誰是假的。因為同住一起，也不管並不問誰是真的，誰是假的。閒著無事，跟同關著的一個人學唱二本虹霓關「見此情不由人心中暗想」那段二六。有一天下午六時左右，外面又叫起我的名字來了。我想一定是前回審我那個小傢伙，閒著無事，又要拿我尋開心。誰知外面叫了我的名字之後。接著說：「把你的衣服帶出來！」我聽了這句話，知道是釋放了。對同住的人，拱手說一聲：「告辭了！」便拿著包裹出來了。出來之後，看見一個副官模樣的軍官，帶著四個帶駁殼槍的兵士，把我的雙手，又鐐銬起來。帶我出了大門，門前早有一部汽車等著。上了汽車，往鄉間直開。越走越荒涼，而且又已夕陽西下。我想來想去，不知到那裏去。釋放嗎？何以不叫我家裏人領去？何以又要銬手？鎗斃嗎？何以叫把衣服帶出來？難道真的因為「黃泉無客店」，怕我受寒冷嗎？問那位副官，只回答說：「等歇你會曉得。」弄得我真是莫名其妙。後來到了南站，纔知道是押解我赴南京。次晨到了南京，逕送我到戶部街當時的總政治部。當時時間還早，陳真如沒有來，便押在門房候著。不久來了一位副官，叫把手鐐開了，帶我上樓。真如一見，便笑容滿面握手說：「對不起，開了你一個玩笑。」我想這個玩笑開得不大不小，幾乎把我的命，都開掉了。談了半天，便說：「今天還在我這裏住一天，休息一下，明天再出去看朋友罷。」於是便叫副官送我到一間房間。當時蔣先生尚在徐州，大約是打電去請示。第二天便把我送到鐵湯池丁公館，交給季陶。鐵湯池丁公館，便是現在的財政部。這也是當時夢想不到的事。和季陶共進了午飯之後，便去旅館訪文白。適淑慧也趕到。夫妻重圓，不禁悲喜交集。這是我生死關頭，所以這一段特別寫得詳細。

蔣先生回京的時候，我去見他。他劈頭便問我為甚麼不在南京上岸，惹出這些麻煩。當時南京籌辦中央陸軍軍官學校，文白被派為政治部主任，我又被派為政治總教官。這個時候稍閒，便開始著述《三民主義之理論的體系》。

十六年六七月以後，武漢的國民政府，發生了變化，南京國民政府，也發生了暗潮。就是武漢也開始反共，把持一切的鮑羅庭，被送回俄了，這樣的劇變，決不是兩三個月以前所能夢想的。南京則蔣與桂系之間也發生了極激烈的暗潮。當時廣西第七軍，好像是駐在蚌埠一帶。蔣因為環境所逼，遂不得不於八月下野了。這樣突如其來，天翻地覆的激變，真令人震動異常。一個連戰連捷的革命軍主帥，在餘敵尚圖掙扎，內部阢隉不寧的時候，忽然棄職下野，革命軍的前途，真要發生整個的動搖。

在這個驚濤駭浪之中，我當然也跟著到了上海。這一次不能不說是一幕政治上極急激，極劇烈的變動。

蔣先生到日本去了，我仍留在上海。當時季陶已在廣州任中山大學校長，電我赴粵襄助，我於是又到了廣州。這時正是葉挺率著共產軍在南昌暴動後，率部直趨廣州。我到粵不到兩月，看見形勢岌岌可危，便和季陶回滬過陰曆年。我們離粵不久，共產軍便攻入廣州，焚燒屠殺了一場。

回滬之後，知道蔣先生要在上海辦一個刊物，指定季陶、力子、果夫、布雷和我五人為委員，並指定我負總責。我們決定名《新生命月刊》。於是風靡一時的《新生命月刊》，便於十七年一月產生了。（《新生命月刊》發刊辭係季陶所寫。）

在我在上海辦《新生命月刊》的時候，南京的局面，是白崇禧和何應欽支持的。桂系和唐生智之間，此時發生了磨擦，桂軍西征，把唐趕走了。唐生智崩潰得這樣快，真出人意料之外。因為何鍵當時做安徽主席，安徽也是唐的地盤。兵敗如山倒，這句話真有道理。於是武漢便成為桂系的地盤。因此十六年九月，武漢的國民政府搬到南京，和南京的國民政府合併統一了。

蔣先生由日本返國，於十七年一月東山再起，復任總司令，削了何敬之的兵權，調為總參謀長。把國民革命軍，編為四個集團，自任總司令，兼第一集團軍總司令，而以馮玉祥、閻錫山、李宗仁分任第二、三、四集團軍總司令。這樣重整陣容，繼續北伐。李、白佔據武漢的地盤，另組武漢政治分會，而以程潛為主席。但是不久程又被李、白軟禁去職了。這是後話。

一朝天子一朝臣，我又奉派為中央陸軍軍官學校政治部主任，復理舊業。當時《新生命月刊》，發展極快，極受各方的歡迎，和當時公博所辦的《革命評論》，並駕齊驅。雖然我們只談理論，《革命評論》兼談實際問題，但是都可以支配並指導當時青年的思想。同時顧孟餘也在上海辦了一種雜誌，名《前進》，卻是無聲無臭，毫無影響，當時我又辦了一個新生命書店，出版許多叢書。我的《三民主義之理論的體系》，三個月之中，銷售了四萬餘冊。在上海正幹得起勁，真想不到南京去重彈舊調。以後因為命令既不可違，友朋又復相勸，所以把《新生命月刊》，帶到南京來編，重復穿起軍服，掛起皮帶，去過半軍人半文人的生活。

我因為在學校工作，所以沒有隨軍出發。國民革命軍四個集團，同時並進，孫傳芳、張宗昌的殘部不必說，奉軍的主力也擊退了，張作霖出關回奉而被炸了。於是各路的革命軍，就會師於北京，而北伐因以告成。

七月蔣先生要到北京去，文人之中指定力子、布雷、立夫和我隨行，在身邊幫忙。另外張岳軍（羣）和楊暢卿（永泰）先往，暗中策劃。一行浩浩蕩蕩，受著沿途迎送。先到保定，和白崇禧等前方各路總指揮先行見面，再到北京。我們都隨節駐西山碧雲寺。當時國父靈寢，仍在西山，遂舉行祭靈大典，報告北伐完成。記得讀祭文的，是當時第三集團軍之下的總指揮商震，一口北京口音，聲調抑揚，很能動人。當時不僅四個集團軍總司令，就是各路總指揮，也都齊集北京。濟濟一堂，真是極一時之盛。大家興致之高，意氣之豪，真是不可一世。當時東北易幟，接洽將成，從此化干戈為玉帛，易割據為統一，中國前途，真有無窮的希望和光明。我當時雖然是一個跑龍套的角色，但是親歷其境，這個盛況，畢生不忘。現在回想起來，真是萬感交集！

當時集議之下，定了編遣計劃，接著召集編遣委員會，誰知以後的反覆內戰，卻由這個編遣計劃而種下了惡因。這是後話，不必去說。

隨節回京以後，因為種種關係，仍想去上海專辦宣傳文化工作，託果夫屢為婉言，好容易得了許可。於是於十月辭去軍校職務，回到上海。在這個時期之內，武漢和南京的關係，日漸惡化，暗潮漸漸高漲，終於澎湃為不可遏止的戰潮了。

彷彿是十八年的二月間，蔣先生到了上海，我去看他。他說：「你還是到南京去幫忙，就去。」一到了南京，要我搬進總司令部，於是就住在力子隔壁的房間，就是現在三元巷警官學校的前樓。前年兼任警政部長，到警官學校去視察的時候，在這個房中徘徊許久，感慨橫生。這時正在召集國民黨第三次代表大會，滑稽得很，我被指派為菲律濱的黨員代表。那時也不知道是因為甚麼原因，大部青年同志，對胡漢民先生感情都不甚好。在開會的時候，大鬧一場，我和段錫朋、洪陸東、蕭錚、何思源等十餘人，當場退席不出席了。以後纔知道這次我若不退席，可以當選為中委，因為名單早已祕密擬好了。當時胡先生還疑心是蔣先生，至少，是果夫叫我們幹的，和他為難。其實這是寃枉，完全是我們十幾個青年同志自動幹的。因為當時蔣先生對武漢將有所舉動，要運用代表大會授權給他，處理緊急事變，怎樣會叫人搗亂大會。

有天晚上，蔣先生親自打電話給我說：「請你馬上到公館來一下。」那時他的公館就在總司令部之後，內裏是可通的。他叫我草擬一篇討伐李、白的宣言，並口授李、白種種背信和不法的事實和要加以討伐的理由。我心裏暗想，真的要幹起來了。

前方已接觸起來了，大約是十八年三月，我奉命隨同出發，隨節坐著楚有軍艦上駛。當時有兩個幕後人物，文的仍是楊暢卿，武的便是廣西軍人前輩俞作柏，他們另外坐一隻被徵發的招商局的船隨後跟上。因為運用俞作柏的關係，桂軍裏面最有力的兩個師長李明瑞和楊騰輝，早已和中央發生了關係。等到中央軍進了湖北境，桂軍這兩部有力部隊，忽然宣佈擁護中央。發生了這樣意外的變化，李、白自然不能不退出武漢了。彷彿我們出發以後不到一個月，桂系在武漢的勢力便崩潰了。楚有軍艦停泊在漢口下游五十餘里的江中，看見上面駛來一隻小火輪，乃是民眾團體的代表來歡迎。我代表接見，並發表簡單的談話。於是楚有軍艦，便逕駛到漢口。這次桂系崩潰得這樣快，沒有大規模的戰爭，就解決了武漢問題，也是出人意料之外。

到漢口不久，便奉命為訓練總監部政治訓練處處長，兼總司令部政治部主任，於是又穿起軍衣，掛起皮帶了。

舊地重遊，回想十六年脫出武漢的情形，真有隔世之感。自從我離開武漢之後，武漢的局面，經過了好幾次的大變化。由共產黨猖獗，演變成武漢清共，由清共而變成唐生智獨裁。唐生智崩潰，繼之以桂系當權。現在又變一個局面了。在這短短的兩年之中，在這小小的區域之內，就發生這許多次人事升沉，派系盛衰的現象。政潮的起伏，個人的得失，那裏能夠預料，那裏可以認真！

兩湖奠定之後，便隨節調回了南京。正在這時前後，第二幕的活劇，又將醞釀成功了。

蔣馮之間，隔膜日甚一日，暗潮也一天一天的高漲起來。五月以後，愈加決裂。看見兩人來往電報，打筆墨官司，就知道不久也要兵戎相見了。雙方都調兵遣將，劍拔弩張，準備大戰。但是馮以退為進，表面上，於五月底通電下野，以閻之邀約，赴山西晉祠；閻同時也請陪馮出洋。這不知玩的是甚麼把戲，大約是消極抵制。因此蔣於八月再到北京一次，這次我也同行，同行的還有陳布雷、孔祥熙、趙戴文、熊式輝等，一路談談笑笑，很覺愉快。這次大家都同住北京飯店。閻來北京會談，蔣勸閻不必出洋，但必須令馮出洋。閻因之稱病入德國醫院，謝絕見客。我們住了一個多禮拜，便回南京。

蔣先生手法真巧妙，早已和馮部下有力部隊韓復榘、石友三有了接洽，韓、石忽於此時通電擁護中央。同時起用了唐生智，叫他到天津集合因北伐留在京津一帶的湘軍，進駐鄭州。十月十日，西北將領通電討蔣，第一次蔣、馮戰爭從此開幕了。

在武人磨槍擦刀的時候，我們拿筆桿的同志，就忙著草擬通電、宣言和宣傳大綱。唐生智以前敵總指揮的名義，指揮隊伍，在黑石關和登封、臨汝一帶和馮軍開火之後，我於十一月初又奉命隨節出發了。先坐船到漢口，再乘車到許昌。總司令部，即設在火車上。唐生智到許昌來了。兩年多不見，他已是升而沉，由沉復升，翻了幾個觔斗了。當時韓復榘、石友三、何雪竹（成濬）等，都集會許昌。會商後，唐便出發到黑石關去督師了。經過了幾次激戰，馮軍節節敗退，戰局已具有了決定性，不難結束。而其他方面的複雜變化，卻非到南京去處理和應付不可。所以唐生智便奉命代行總司令職權，全權處理前方事務，於是我們又隨節返京了。這次到許昌，不過一月，前後計算，軍事行動，也不過約略兩個月，這場糾紛，就告結束，也不能不說解決得快了。

不圖霹靂一聲，由天外飛來。於我們回京後不久，代行總司令職權的唐生智，在鄭州宣佈脫離中央而獨立了。當時我們實在奇怪。唐要這樣幹，為甚麼不在馮軍未敗之前和馮軍聯絡起來幹呢？何以在馮軍既敗之後，中央應付裕如的時候，有此異動呢？何不再等適當時機纔幹呢？大約他因為武漢空虛，所以想領兵直窺武漢，恢復他民國十六年武漢的局面。那知道被阻於漯河，於大雪之下，幾日激戰，他仍不能不離開軍隊，再去作寓公了。於是突然而起的高潮，又突然消滅下去。變幻莫測，何勝感慨。

當唐在鄭州異動的時候，在鄭州的中央機關和要人還很多，事前一無所聞。每晚和唐一起打麻將的朋友，也一些不知。當時經理署長俞樵峯（飛鵬）也在鄭州，唐看著打麻將的情分，沒有綁財神，請他安全的離開。鐵甲車司令蔣素心（鋤歐）因為是湖南人，被唐硬扣留幫忙。以後素心告訴我，當漯河戰敗之後，唐進退兩難。有天無聊，和素心等拆字，以決吉凶。當時擇了一個「道」字，於是唐決心逃走。因為「道」字，暗示「首領要走了」。這也是政局動盪中的一個逸話。

同樣的時候！恕我記憶力不佳，時間不能正確記憶——兩廣的形勢很不穩，陳真如的軍隊，不夠鎮壓。因此派和陳很要好的朱一民（紹良）統率湘軍毛炳文部和石友三的一大部，由海道赴粵增援。石部集中浦口待船。有晚深夜，我接著憲兵司令谷紀常（正倫）的電話，說石部在浦口叛變了。（好像這個時候，唐生智還沒逃走，河南正在打仗。）大家都以為石部一定渡江，占據南京。因為一方面以為唐、石已有聯絡，一方面那時南京只有一團多憲兵和軍校幾千學生，空虛極了。當晚南京大為震動。誰知石、唐竟沒有具體的聯絡和計劃，石部竟不渡江，呼嘯北去了。當唐生智異動的時候，每次給蔣的電報，自己都還稱「職」。因此，胡展堂先生有「造反猶稱職，逞兵不渡江」的兩句打油詩。

到了民國十九年，蔣、閻之間的關係，又漸漸惡化起來。聯馮的時候，用了馮系的薛篤弼做內政部長。打馮聯閻的時候，就任命閻系的趙戴文為監察院副院長，又給趙丕廉做蒙藏委員會委員長。但是閻系的要人，雖在中央任了要職，以任蔣、閻間的意志疏通和感情聯絡，而關係的惡劣，終難免趨於白熱化。

十九年二月初，一電飛來，閻以禮讓為國的理由，約蔣一齊下野。於是雙方一面打筆墨官司，一面調兵遣將。消息一天緊一天，馮也離開晉祠，回到潼關去了，馮、閻聯合起來倒蔣了。當時由津浦線南下的，完全是閻軍，閻親自指揮。沿平漢線南下的是馮軍，沿隴海線東進的，閻軍馮軍都有，而以閻軍為主體，馮則駐鄭州指揮。我又奉命隨同出發，大約是十九年五月，先到濟南佈置津浦線方面的戰略，再到隴海線。總司令部當然就在車上。當時閻、馮軍已趨過歸德，似乎在馬牧集，所以我們總部的專車，就停在碭山。開火以後，馮、閻軍節節敗退，由歸德西撤。總部專車進至歸德，旋復進駐柳河。閻、馮軍阨守蘭封，於是變成了陣地戰，綿延了好幾個月，使我們不能不在柳河車站烈日炎炎之下的鋼車中消夏了。平漢線由何雪竹指揮，雙方旋進旋退，無大激戰。隴海方面，好幾次由正面舉行中央突破，但因為閻、馮軍的壕溝，又寬又深，損失很大，死傷很多，終不能進展寸步。

同時濟南被閻軍佔領了。如果當時閻軍乘勝直下，佔領徐州，隴海線後路截斷，我們就要回軍都不可能。所以當時情形，頗為嚴重。我們在柳河，也很擔心。不過閻為人持重，不敢冒險，兵力大約也不夠分配，所以沒有推進。正在這個時候，蔣光鼐、蔡廷楷的軍隊，由廣州調到津浦路反攻。李韞珩帶著一萬左右的湖南軍隊，由海道至青島登陸，沿膠濟路向海南返攻。我記得李韞珩到柳河請訓的時候，愁眉苦臉的到我車廂中說：「湖南兵士都沒有坐過海船，山東地形又不熟，此行真是沒有把握。」李雖是行伍出身，卻是一員勇將，以後也建了不少戰功。

津浦線反攻，節節勝利，不久，濟南又收復了。但是隴海線仍是曠日持久，我們總部的車子，只是停留於柳河或歸德之間。有時雖也開到野雞崗和民權縣的最前線去督戰，但是不過幾個鐘頭，仍開回原地。

我和力子隨節住在車上，陳雪暄（調元）和顧墨三（祝同）兩個人的司令部，都在柳河車站附近的小村莊。車上熱得不可耐的時候，便去他們的村莊「避暑」。每天晚上，必定去的。我不會打麻將，便和不打牌的將領，上下古今的談個不休。照這樣，一個暑天也就混過去了。這個時候，有一段事情，不能不寫。當我們住在歸德的時候，有天晚上，我從夢中被槍聲和很大的轟炸聲所驚醒。只聽見侍衛長王世和大呼道：「火車頭呢！」因為不預備開動，所以火車頭離開了列車，當時火車欲開不得。槍聲響了半小時始息。後悉是馮的騎兵，就是現任陸軍部次長鄭大章同志所指揮的，來襲飛機場，他們的任務，燒了飛機就回。誰知那時我們車上只有兩百多衛兵，車站上又沒有其他軍隊。如果騎兵達到車站，主帥以下都要被俘。那末，那個時候以後的歷史，又是另外一個寫法。真是氣數。不過那個時候，我們都學空城計的孔明，齊說一聲：「好險哪！」

在停頓在柳河的幾個月內，政治和軍事兩方面，都積極進行著很大的計劃。政治方面，就是張岳軍和吳鐵城奉命到奉天，勸張漢卿領兵進關。閻老西的代表，當然也在瀋陽。但是老閻捨不得用錢，而這邊卻是揮金如土。以後小張果然領兵進關了。雖然不完全是花錢的結果，但是錢用得多，也不能不說是一個原因。軍事方面，因為正面攻擊，中央突破，既不能成功，就不能不採取紆迴戰略。這次紆迴分幾路，而且規模很大。遠的一路竟紆迴到平漢路以西，去截斷鄭州以西的隴海路。軍事上各路紆迴部隊開始動作，且順利進行，政治上張漢卿於九月二十左右，發表通電，主張罷兵，一切靜候中央措置，同時部隊也向關內移動。因此，隴海正面的馮、閻軍很快的撤退了。我聽見了這個消息，興奮得很，等不及隨總部列車前進，先和陳雪暄坐汽車進了蘭封城。沿途時常聽見對方所埋地雷的爆炸聲，僥倖我們的汽車，沒有碰著。在蘭封縣公署住了一晚，第二天總部列車到了。我回到列車，隨節進駐開封。到了開封，洗澡吃館子，高興極了。兵敗如山倒，我們跟蹤追擊，於十月初旬，到達鄭州。馮部梁冠英等親來鄭州，歸順中央。中原大戰，於此告終。當時賀貴嚴（耀祖）做徐州行營主任。他由京坐一列專車來鄭州。他的太太和淑慧，坐著他的專車來鄭遊玩。此時蔣先生已飛回南京參加雙十節。我便搬到貴嚴的專車上，四個人一路歡天喜地的談笑到京，久戍回家，倒也開心。

在我們停滯於柳河的時期內，有兩事須要記述。第一就是共產黨乘著後方空虛，攻入長沙，裹脅而去，到贛南設立了根據地。以後傾全國之師，費時三四年，還不能完全消滅，只是驅逐到西北，演成現在這樣的蔓延和猖獗。這都是那次中原大戰造成的。第二就是蔣、胡之間，又發生了磨擦和衝突。原來蔣主張戰事結束，召開國民會議，制定約法。胡則反對。南京與柳河之間，早已辯論好幾次。而蔣仍於十月初電請國民政府，召開國民會議，頒佈訓政時期約法。

返京之後，又因張學良任副司令及張系人員來中央任職的問題，蔣胡意見，更形決裂。大約十二月初旬，蔣赴廬山，我也隨去。蔣在廬山對人發牢騷：「不願回南京，離南京越遠越好，想到西北去。」在這幾句簡單的話語之中，可見得當時蔣先生內心的苦悶和蔣、胡感情之惡劣了。但他在廬山考慮的結果，決定了去胡的大計，所以不到三個星期，便仍回京。我們當時，是一點都不知道他下了這樣決心的。

到了民國二十年，彷彿是二月底，我因事赴上海。時張岳軍任上海市長，約我和力子到一家酒館吃飯。他問我們道：「南京昨天晚上的事情，你們知道了嗎？」我們都很吃驚的齊聲答道：「不知道，甚麼事？」他說：「我也是剛纔曉得，胡先生被扣留了。」我和力子都吃一驚。這也不是一件小事。胡先生性燥，我們怕他自殺。至於西南，因為這個問題，必有所舉動，乃是我們意料中之事。西北的活劇，方才演完，西南的舞台又要開幕了。果然，在五月間南京召開國民會議的時候，廣州召開了中央執監委員非常會議，對蔣聲罪致討了。

國民會議散會後，因為江西的共匪猖獗，所以不能不先行剿匪，至對西南問題，則明弛暗張。此次我仍奉命出發。熊天翼（式輝）做行營參謀長。在南京開了幾次幕僚會議，籌備一切，好像在五月底，又出發赴南昌。從此由國民黨內部的戰爭，變成國共之間的戰爭了。回想起來，真是傷心。假使十七年七月西山祭靈之後，大家都一心一德，埋頭於善後和建設，那裏會有十八年春的武漢和十八年冬的河南之役？那裏更會有十九年大規模的中原會戰？這次會戰，損失的物力和人力之多，實在可驚！沒有迭次內戰，共黨怎樣會猖獗，而發生連年勦匪的軍事行動？沒有由長江流域勦匪，發展成西北勦匪，那裏曾有西安事變？沒有西安事變，國家焉能到今日這樣支離破碎的局面？乃竟陰錯陽差的一幕一幕演變起來！氣數耶？國運耶？人為之不臧耶？嗚呼！

南昌行營，設在百花洲的省立圖書館。我便在百花洲畔，找一個臨湖的平房寓居起來，並約以後曾經煊赫一時的楊暢卿住在我寓。雖然說是三分軍事，七分政治，但是軍事仍是主要力量。步步為營的堡壘政策佈置完畢，開始包圍的同時，一面仍策劃對西南的問題。七月間暢卿奉命赴香港祕密工作，對西南加以分化運動。不單派了暢卿，同時四面八方進行對西南的分化。以後畢竟運用上官雲相和余漢謀的郎舅關係，把余漢謀拉了過來。陳濟棠失去了這一部主力，也就不能不崩潰了。這是後話。

九月初蔣先生赴武漢。三天之後，電令我即行前往。長江好大的水！漢口全市，都變成了澤國。那時三雪——就是陳雪暄（調元）劉雪亞（鎮華）何雪竹（成濬）——都在漢口，我當時只三十四五歲，他們都和我很要好，把我叫老弟，招待我在大水泛濫的漢口，痛快的玩了幾天，現在海角天涯，魚雁不通，怎麼能令人不懷舊雨而感傷呢！

我到漢口的任務，就是要我草擬討伐陳濟棠的通電和告將士書及告民眾書。我心中又暗想，對西南的軍事要發動了。

在漢口不過四五天，一直回到南京。在南京一個多禮拜，又乘軍艦赴南昌。軍艦到了湖口，蔣改乘水上飛機先行。我們仍乘原艦，到第二天清晨纔到南昌。總部的副官來接，說：「總司令上午就坐飛機回南京。請主任今天下午，至遲明天動身回去。」我真莫名其妙了！發生了甚麼變故嗎？何以這樣急呢？跑到總部一問，卻原來是瀋陽事變發生！我因為雜務待理，等第三天纔和何敬之（應欽）陳真如（銘樞）——陳是來奔走寧粵和平的——同乘飛機返京。

以後接著發生的，就是胡先生恢復自由。寧粵在滬開和平談判，京滬粵三地同時召開第四次全國代表大會，蔣先生二次下野，孫哲生、陳真如主持南京軍政等極繁重、極複雜、極變幻的各幕，現在不必詳述。

關於第四次代表大會一問題，京、粵、滬各有主張，意見糾紛複雜，議論了許久，沒有很好的辦法。結果乃是舊中委連任，增加中委名額，京、粵、滬同時分別選舉。我在京得票最多，佔出席代表百分之九十，當選為第一名中央執行委員。如果舊中委不連任，也要重新選舉，我絕對不會當選第一的。當時朋儕戲呼我為狀元中委。第四屆第一次全體會議的時候，因為京、滬、粵三方都要把落選的人加進幾位做中委，於是以全體會議的決議，把三方落選而票數較多的，各補了幾名做候補中委。王陸一時作監察院簡任待遇祕書，也因此做了候補中委。因自撰一聯云：「豈有秘書稱簡任，居然中委出恩科」時稱為「恩科中委」。

第四次代表大會閉會後，蔣先生於十二月第二次下野了。下野之前，都有佈置，發表幾個省政府主席，顧墨三任江蘇，我以後也被派為江蘇省政府委員兼教育廳長了，這乃是徇墨三的請求。蔣先生原意，仍要我在身邊幫忙，因為墨三以軍人而任封疆，沒有把握，要我幫忙，所以蔣先生也只得徇其請求了。

二十一年一月，上海事件發生以後，蔣先生又出山了。這次新設了軍事委員會，自任委員長。接著國民政府遷都洛陽，在洛陽召開了國難會議。在寒風凜冽之中，乘著專車赴洛陽出席會議。洛陽在中國歷史上是有名的地方，我還是初次瞻仰，但是黃沙白草，滿目荒涼，懷古之情不禁悠然而生。

汪先生已於此時出任行政院院長了。此後數年之間，我因為出任地方行政工作，除出席中常會及中政會外，不多預聞中樞的事情，以後雖兼任中央民眾訓練部部長，乃是局部事務。除參加祕密組織之外，對於黨國大計，沒有預聞，所親身經歷的事不多，不過耳聞目覩罷了。其實這幾年內，除勦匪外，沒有大規模的軍事行動。人民政府的喜劇，短時期內便解決了；廣西問題，時張時弛，但終未以兵戎相見，所以也沒可以述的。

我要特別詳述的，就是二十四年十一月一日汪先生在中央黨部被刺時，我所經歷的情形。

在大禮堂舉行了全會開幕典禮之後，便齊集到中央會議廳大門前去拍照。我站在汪先生左側後面第二或第三排。當時新聞記者非常之多，秩序混亂極了。記得照相的說：「各位預備，要照了。」這時不知道是誰說：「蔣先生還沒有來。」隨著吳鐵城大聲道：「蔣先生不來照。」照畢之後，大家轉身拾級而上。我行了兩三步後，忽聞背後鎗聲一響，聲音甚小，以為是放爆竹慶祝。但是接著槍聲又起，形勢大亂。我回頭一看，只見一個穿灰色大衣的人，拿著鎗向人羣中轟擊，於是大家向鐵柵門內急跑。我看見朱騮先（家驊）在我面前向地伏下。我也隨著他伏身而臥。剎那間，忽想這不是辦法，仍立起奔進鐵柵門，站在門內牆角隱身。這個時候，人聲嘈雜，槍聲大起，說時遲，那時快，忽見一人倒在我的面前，滿臉是血。當時驚魂未定，也沒有去細看是誰。後來鐵柵關了，槍聲止了。忽聽見有人說，汪先生受傷了。我仔細一看，原來倒在地上的，乃是汪先生，已經身中數槍了。事起倉卒，變生肘腋，所以那時震動、驚惶、懷疑等情緒，不僅充滿了我的心中，且支配了全場的空氣。同時一面接醫生，一面查緝兇手的餘黨。混亂、忙迫，而且緊張萬分。好容易醫生來了，把汪先生護送到醫院，這纔開會。這一幕驚心動魄的情形，我畢生不能忘記。

現在再一述在南京所經歷西安事變所反映的情形。我當時仍兼民眾訓練部長，那天，在中央大學指導一個民眾集會。下午七時方回家。淑慧告訴說：「各方面打來了十幾個電話找你，蔣先生在華清池被張學良的亂兵包圍了。」這個消息真是晴天霹靂，使我震動。當天晚上，中央黨部召集緊急會議。第一個問題，就是要趕快查明下落。究竟是生是死，毫無正確的消息。第二是如何處置。關於這個問題，分為兩種意見。戴季陶何敬之等主張採取嚴正的態度，要為國家立紀綱。孔祥熙等則遵從宋美齡的意見，主張緩和。關於辦法，有主張解鈴還須繫鈴人，這一幕是共產黨主使的，不便去對共產黨說話，但是要去找蘇聯。意見紛紜，議論複雜，直至夜深，沒有辦法。但是對於緩和論者的主張，大家都不便反對。因為如果操之過激，逼著小張把蔣先生殺了，誰能負責。我回家之後，心想中國真是多災多難。共產黨流竄西北，正要消滅的時候，忽然發生這樣的變故。此次一定是凶多吉少。小張既然下了這個決心，必定有個遠大計劃。即使不立即加以殺害，至少決不會馬上恢復自由。所以對於國家的前途，悲觀極了。

世界上的事，本來不能預知，這件事尤其使人莫名其妙。張竟親自送蔣到洛陽了。以兒戲始，以兒戲終，固然是一件荒謬絕倫的事，但是這一幕兒戲，卻是中國歷史的轉捩點，沒有這一幕，那時以後的中國歷史、當然又是另外一種寫法。至今思之，猶有餘痛。

汪先生聞西安之變而回國，廿六年一月抵香港。我和力子，奉命赴香港歡迎。不久召開中委全體會議，我奉命把民眾訓練部長讓出，仍請公博擔任。不數月而蘆溝橋之變起。事變以後的經歷，更加豐富，更加艱巨，更加變幻莫測。我以一個主角的資格，表演於政治舞台，還是此後的事，不過現在還不能公開，等到十年以後再述，現在就在此截止了。

把過去經歷的事，一一回想起來，好像白髮宮人，談開元天寶遺事，只落得徒增感慨，更覺悲傷。悲歡離合，成敗興亡的場面一幕一幕的表演過去了。是真是假，亦色亦空。把跑龍套的演員，頭也跑昏了，眼也跑花了，神也跑迷了，深深的感覺浮沉於茫茫人海之中，和起落不定的政潮之內，得失升沉，都不過是曇花一現！所以夜深人靜的時後，幽居獨念，真欲跳出十丈紅塵，避世唯恐不遠，入山唯恐不深！

但是身世之感，雖常令人發生出世之想，而家國之憂，卻不能不令人鼓舞餘勇，堅定貫徹初衷的決心。尤其是我們現在所處的環境，正是周公恐懼流言，王莽謙恭下士的時候，是非未定，功罪難分。如果半途而廢，雖存周公之心，終成王莽之果，上何以對祖先，下何以對子孫！後世的批評，我們可以不必去管，流芳百世也好，遺臭萬年也好，無聲無臭，與草木同朽更好，「身後是非誰管得，滿村爭唱蔡中郎」，但是個人的是非，固然不必計較，國家的利害，卻不能不加考慮。自古孤臣孽子的用心，不在求諒於當時及後世，乃在使個人繁榮苦心、努力，和犧牲，實際有益於君父。所以現在距我們企求的目的，雖然道路崎嶇，關山險阻，但是救傾扶危的目的一日不達到，就是我們的責任一日未解除。一息尚存，此志不容稍懈，那裏能夠因為人事滄桑之感，而改變鞠躬盡瘁死而後已的決心呢！

〔附記〕以上所述事實，全憑記憶所及，時間容有前後倒置之處，讀者諒之。

走火記

一月十一日下午三點十分鐘，屋頂上不曉得甚麼原因，忽然發起火來，當時風力又特別的大，不到半小時，三樓和二樓，就燒得精光。以後雖然消防隊趕到，救了最低的一層，但是已經不能再用了，所以可以說全部房屋，付之一炬！

房屋這樣的身外之物，要燒就燒，有甚麼留戀？更何用傷感？不過這所房子，是有相當的歷史的，尤其和這次的和平運動，淵源極深，所以不能不為之記。

這所房屋，地點極佳，環境也很優美。三面環塘，風景非常秀麗。這塊地皮，是民國十八年買的。那時我和賀貴嚴（耀祖）及谷紀常（正倫）三人，湊了一些小款，置一些地皮。這塊地皮，也在其中。後來因為我要起房子，所以紀常便帶我到這裏來看。當時是一片竹林，池堤上滿栽垂柳。翠竹垂楊，映著春水綠波，好像一幅圖畫。我當時高興極了，便決定在這裏建築一所房屋。於是便在二十一年四月底動工，十一月完成，我們於十二月遷入的。現在算起來，這所房子的生命，剛剛是十年。在這個十年之中，除卻二十六年隨著國府遷都撤退南京，至二十九年國府還都的兩年多之外，都是起於斯，飲食工作於斯。回憶二十六年十一月二十日撤退南京時的情形，真如隔世。清晨起來，在淒風苦雨之中，一個人驅車赴陵園，向陵墓叩別，飽嘗「最是不堪辭廟日」的淒涼滋味。回得家來，每一個房間，都徘徊了很久。心想此去歸期未卜，再會無期，滿腔懷著留戀的情緒，終於離開此屋了。二十九年還都的時候，重返故巢，看見桃花如故，池水依然，但是周圍的垂柳，和一片竹林，已經連影子都沒有了。回想兩年之中，主人雖已遠離，而「庭樹不知人去盡；春來還發舊時花」。滿園春色，今因主人的重回，一樹一木，都覺得格外風光。於是稍加修理，重復入住。我的家庭，遂隨著政府還都而還家。好像不能再見的舊雨，居然重逢一樣，愉快的心境，遠過酸辛的情緒。現在劫後歸來，相依為命的棲身之所，忽然化為灰燼，物質損失固不必計，精神上焉得不依依留戀，忽忽若有所失呢！

這所房子動工的時候，正是二十一年「一二八」上海事件之後。「一二八」事件，雖然以淞滬協定而結束，但是中日雙方的空氣，還是非常惡劣。並不是我事後有先見之明，我當時，斷定中日之間，必定有更悲慘的不幸事件發生。所以起房子的時候，特地起了一個小地下室。當時南京住宅中有地下室的，實在很少。二十六年「八一三」事件發生以後，大家纔臨時趕著建造的。當時朋友們知道我家裏有地下室，所以有些朋友搬到我家裏住，有些臨時來躲警報。先後搬來住的，武的有顧墨三（祝同），熊天翼（式輝），朱一民（紹良），李師廣（名揚），文的有梅思平，羅君強，陶希聖。每日必來的，就是高宗武。至於其他臨時來躲警報的，那就很多了。我們這些人，都是主張在相當時期，結束中日事變的。在當時抗戰到底的調子高唱入雲的時候，誰也不敢唱和平的低調。所以我們主張和平的這一個小集團，便名為「低調俱樂部」。這個名詞，彷彿是胡適之取的，因為他也常在座。說也奇怪，當時往來於這所房子的人，大多是主張和平的。所以我們當時說笑話，如果和平實現，一定要在這屋前的草地上，立一個和平紀念碑。現在全面和平，還遙遙無期，而這所房子卻先化為灰燼，不能看見將來和平紀念碑的建立，我們焉得不為這所房子痛惜呢！

我家裏沒有甚麼珍貴物品，除卻日常用具之外，沒有甚麼損失。不過名人字畫，卻燒了不少，實在是太可惜了。其中最可痛惜的有兩件：一是史可法的遺書。在揚州將要陷落的時候，史忠正寫信給他夫人和如夫人道：「恭候太太。楊太太。夫人萬安。北兵於十八日圍揚城，至今尚未攻打。然人心已去，收拾不來。法早晚必死。不知夫人肯隨我去否？如此世界，生亦無益，不如早早決斷也。太太苦惱，須託四太爺大爺三哥大家照管。炤兒好歹隨他罷了。書至此，肝腸寸斷矣。四月二十一日法寄。」寥寥數語，充

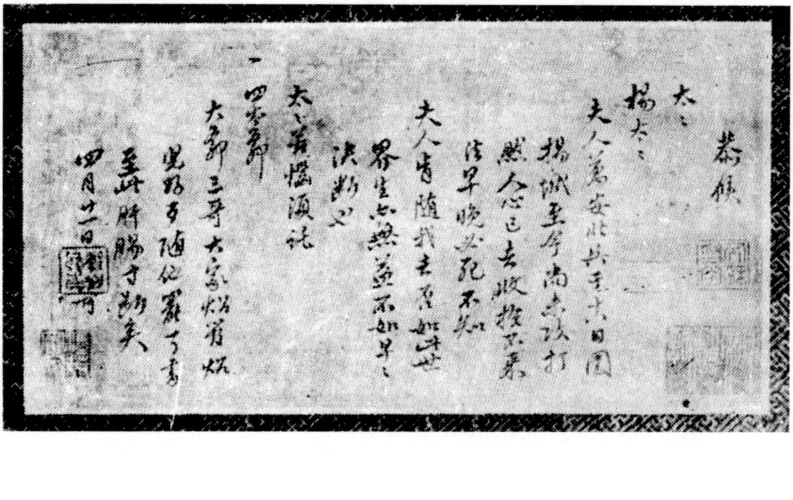

恭候
太太
楊太太
大人萬安 此去十六日圍
揚城至今尚未攻打
然人心已去故援兵不來
遲早晚必死不知
大人肯隨我去否如此世
界生不如死不如早早
決斷也
太太若[illegible]須[illegible]
一四爺
大爺三哥大家[illegible]
[illegible]隨他[illegible]
[illegible]勝[illegible]矣
四月廿一日

分表現忠烈悲壯之氣，我暇時常常拿出來鑑賞。每次鑑賞，都發生異常的感慨。今後不能再見了。二是曾文正撰句，令其弟國荃所書的聯語：「打仗不慌不忙，先求穩當，次求變化。辦事無聲無臭，既要簡捷，又要精詳。咸豐丁巳年冬月至日滌生撰，命弟國荃寫。」我常把這兩句話，當做我治事的格言。現在已懇求汪先生照這兩句話，為我再書一聯了。此外還有不少有名的書畫，都是有錢買不到的。不過我是湖南人，對於吾鄉先賢的墨跡，如左文襄的字，彭剛直的梅，尤其覺得惋惜。

有兩件東西，卻是不幸中之幸。一是總理於民國十一年，親筆修改的三民主義演稿；一是曾文正所書的「風生江浦千帆曉，月滿山城一笛秋」。這兩件可寶貴的東西，當天以為一定是付之一炬了。誰知第二天淑慧去檢查的時候，在火餘的亂堆裏面，忽

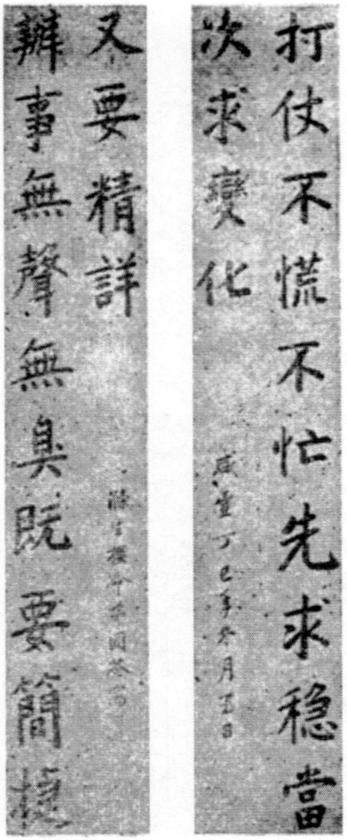

檢出總理的遺墨。只是封面和周邊燒焦，字跡一點沒有損壞。真是總理在天之靈的庇護了。她再走到書房的原址，看見其餘東西，都已燒得乾乾淨淨，只有曾文正這一聯，還掛在壁上，絲毫沒

有損壞。這也是奇蹟了。

燒得正猛烈的時候，第一個親來慰問和照料的，便是汪夫人。她聽見這個消息，立即就跑來照料，並恐怕我們沒有棲身之所，立即電話民誼，把他的房子，空處幾間。因為民誼夫人去上海，房子可以空得出。隨著她又陪我們到了民誼家中。這個時候，汪先生還不知道這個消息。她便親自打電話去報告。汪先生這個時候，正在會晤松井中將。他接著著汪夫人的電話，急得把松井中將置在座中不顧，披起大衣，車子也不坐，立即步行到民誼家來慰問。患難之中，纔能見真的交情，汪先生和汪夫人這樣的隆情盛誼，我是畢生不會忘記的。

中日的友人，都紛紛來慰問。中國友人說：「火燒旺家。」日本友人說：「燒太」。（押凱普陀里）（就是越燒越大的意思。）他們以為我燒了房子，一定很不痛快，所以拿這些成語來安慰，我非常感謝他們的好意。但是在這樣河山破碎戎馬倉皇的時候，比房子起火更要嚴重，更要悲慘的事態，我們都應該準備著隨時去遭遇！

四遊北平雜感

北平，我一共到了四次。但是每次多則只勾留兩星期，少則只有六七天，所以對於北平的觀察和認識，實在談不上。這篇所記的，不過是每次北遊所生的一些雜感罷了。

第一次到北平，是在民國十七年北伐告成的時候，我在〈盛衰閱盡話滄桑〉一文中，已經說過了。當時意氣之盛，興致之豪，希望之大，真是不可一世。在碧雲寺祭靈，報告北伐完成之後，便在外交大樓開了一次極盛大的晚餐會。四個集團的主要幹部，全都出席，四位總司令都很高興的致詞，這個盛況，猶歷歷在目。三年前第三次，和今年第四次赴北平的時候，華北政務委員會的朋友，也都在外交大樓歡宴我，閉目瞑想恍如置身當年盛會之中。但是物換星移，人事全非，真令人發生萬分淒涼酸辛的滋味！

我們初到的時候，住在碧雲寺旁的離宮。我和方子、布雷、立夫四人同住一房。我們都是愛玩的，到了晚上便偷偷摸摸的進城去開旅館，自然有當地的朋友為我們佈置一切。力子、布雷有牌癮，叫幾個條子在旅館打牌，便可滿足。我和立夫，既不會打牌，而又年青好動，所以便挨家挨戶的去打游擊式的茶圍。到了天明，四人又偷偷摸摸出城回到碧雲寺。後來蔣先生也搬進了城，我們越發方便了，因為那時我們都是幕僚，稍有浪漫行為，不怕別人指摘，別人也不會指摘。北平的茶圍打夠了，便和立夫兩人，請了兩天假到天津。因為怕當地黨部的人知道，請去講演，所以祕密。下了旅館之後，兩人便出去，叫了兩部人力車，說要去打茶圍。人力車夫把我們拉到極下等的地方，臭氣逼人，叫我們啼笑皆非。好容易找到了路數，又被省黨部的同志知道了，結果仍被拉去講演一次。黨部同志，要送我們上車，我便和立夫密議，讓他們送我們到第二個車站下車，仍乘北平來的火車，再去天津。但是因為假期已滿，終未實現。不過當時興致之高，可以想見。「英雄老去霸圖空」，當年豪興，現在已消失殆盡。因此，也覺得生氣暫減了。

第一次到北京，當然要遊故宮。那一次同遊的人太多，除我們四人外，李宗仁、白崇禧、張治中、劉鎮華等都在一起。雜在大隊人馬中，不能由個人的希望，細細的觀覽，不過走馬看花而已。

到了三大殿，沒有人不認為偉大莊嚴的。我當時便覺得這是古代統治人民的一個方法。一個人統治許多人，一定要把這個人弄得富有神祕的意味和色彩，換句話說，要弄得神化。因為大家都是人，為甚麼一個人下命令，許多人要服從，有些人可管人，有些人要被管。在近代法律觀念發達之前，一定要把這些統治關係，弄得很神祕。而要神祕，卻要靠環境的佈置。而且無論如何偉大的人物，在常常和他接近的人看起來，一定不覺得甚麼偉大。秦始皇也好，成吉思汗也好，拿破崙也好，任何偉大人物，他們的近侍，尤其是他們的太太，對於他們的敬佩，遠不及和他們不接近的人們對於他們的崇拜。所以如果不把他們的環境，佈置得莊嚴而神祕，使一般人覺得他們偉大，覺得他們神聖不可侵犯，統治的關係，就要發生動搖。從午門進去，要你走得氣喘，纔到正殿，就是先要你發生帝王如在天上之感，使你覺得對他俯首聽命是應該的。這不僅當時的朝廷，就是一個知縣衙門，從大門到大堂，也是這樣相當的距離。這些道理，當時都經過許多研究的。可惜入民國以後，這些神祕的辦法，一掃無遺。我說這話，一定有人罵我是官僚心理，是封建思想，其實不然，無論如何民主，體制和儀式，總是不可缺的。美國可算是民主國了，但是他們的大總統出去，一定前後簇擁著發出怪聲的警車。沒有到過美國的人，在電影新聞中也一定看過。這和中國以前的鳴鑼開道有甚麼不同？這和我們以前官吏出門，前面打著「肅靜」「迴避」的高腳牌有甚麼兩樣？至於斯達林居處和行動的嚴肅神祕，更不必說。所以把統治者弄得神祕一點，把他的起居坐臥之處弄得莊嚴一點，在政治上，恐怕不是沒有完全的必要。看著莊嚴偉大的殿闕，不由自主的這樣暗想。我當時又覺得沒有早生幾十年，沒有試過「上朝」的味道，認為遺憾。我開筆學作文章的那年，便廢了科舉，我沒有嘗過科舉的滋味，常認為遺憾，當時看了廊廟之盛，又加了一個遺憾，但是如果恢復帝制，叫我到正大光明殿去上朝，是不是可以過癮？這也不行。因為神祕的外衣，曾經一度脫去，再來穿上，已經不是原狀了。紙老虎已經戳穿，再糊上還有甚麼味道？這便是當年遊各殿時所發生的無聊的雜感。

遊到宮中，又是一種感想了。我立即想到當年妃嬪之盛，宮娥之美。所以對於妃嬪的遺蹟和傳說，特別感覺興趣。想著過去風流旖旎的事，不禁神往。李後主辭廟的時候，不揮淚對列祖列宗，而揮淚對宮娥。我遊到宮中，便立即想到當年宮娥的往事，我想：假使我是封建時代的帝王，無人管束，不怕攻擊，好點說，一定是個風流天子，壞點說，恐怕也是一個亡國之君！

第一次遊數百年的政治中心，其他歷史上、政治上的各種感想，當然還很多，乾燥無味，在這裏沒有寫出來的必要。

第二次便是民國十九年。這次便沒有第一次那樣興致了。因為這時已經過了武漢討桂之役，和豫西討馮之役。第一集團軍和第二第四兩集團軍火併過了。第三集團軍領袖閻錫山，以退為進，聲言陪馮出洋。我們此次到北平，便是要留閻。在這種情形之下，還有甚麼興致？這對政治情形且不去說，此次力子和立夫沒有隨行，只有布雷和我兩人。布雷是好靜的，我一個人要玩，那裏玩得起來？所以這次雖也到韓家潭、百順胡同之類的地方，但是都不過是應酬交際而已。酒綠燈紅之餘，歌闌人散之後，深覺世事日非，滿途荊棘。

這次到平的一個感想，就是覺得官僚勢力的偉大，所謂官僚，是指事務官而言。第一次來平時，舊政府所遺留下的官僚很多，且都徬徨無所之。這次來平，這些先生們在平的卻非常減少，都到南京參加國民政府，而且有許多很得意了。當時南京有句話，說是「軍事北伐，政治南征」。意思說，國民革命軍雖然奠定了幽燕，而北平官僚，卻帶著腐敗的空氣，南征到新都。我想這是必然的，因為事務官乃是一個政府構成的基本要素，任憑你有怎樣賢明的政治領袖，任憑你有怎樣適合時代需要的政策政綱，沒有很好的事務官去執行，一切都是空想，都是具文。革命黨，老實說，是草澤英雄多。中間雖然也有許多留學生，但是大概都是只能談理論，而沒有行政技術的經驗和訓練，能夠做很好的政務官的同志，倒也不少，而能做很好的事務官的，確實不多。在這種情形之下，舊政府遺留下的事務官，當然要得意起來。當時國民黨許多青年同志，對於這個現象，非常牢騷，以為自己拚著命打出來的天下，卻讓這些先生們來享現成福。其實不然，蘇俄共產革命之後，帝俄的技術家、專門家，不僅仍被任用，而且較為優待。這是事實必然的。誰叫我們革命同志，只知好高騖遠，空談理論，而不切實的去受行政技術的訓練呢？

第二次赴平的主要目的，聯閻、排馮沒有達到，不到一週，便即返京。閻接著發出禮讓為國的通電，邀蔣出洋。中原大戰，於是爆發。

第三次到北平，是民國二十九年，國民政府還都以後不久的時候。這時城廓依舊，人事全非。關於時代的感想，怎樣深刻，怎樣沉痛，不必去說，現在只說一說關於我個人的雜感罷。

下了飛機以後，由西直門進城，便覺得路絕行人。經過電車的交點，看見十餘輛電車，像著長蛇一般停著不動。心中大覺奇怪，詢問歡迎的人，纔知道照預定時間起斷絕交通，而我的專機慢了半小時，所以街市上已斷絕了許久交通，以致電車停下這樣多。為我一個人，使北平市民，感覺這樣的不方便，當時僅是慚愧，又是抱歉，又是不安。以後每次出門，所經路線，還是斷絕交通。商懇再四，好容易第三天纔停止了。但是車前車後，不單是兩部電氣騾子，前呼後擁，而且跟著一大卡車的武裝衛士。地方當局，因為責任關係，無論如何商求，這些決不肯解除。前面曾經說過，一個負責的人，要使他神祕，纔能使人敬畏，這是一般而論的。如把這樣的辦法，加諸我的身上，那真要我的命。多跟幾個衛士，已使我坐立不安，何況其他。但是在三十多年以前，就是王公大臣出門，也不見得完全斷絕交通。我以一個窮學生，竟在數百年帝王之都，出入斷絕交通起來，下意識也不禁引以自豪。然而不是在三十多年以前這樣，不是在中國統一的時候這樣，實覺美中不足。

這次住在中南海內的勤政殿，對面就是德宗被幽禁的瀛台。晚上睡在殿中，想起戊戌政變，想起兩宮失和，想起德宗在瀛台過的悲慘生活，想起宮廷中的許多祕密情形，思潮起伏，輾轉不能入夢。忽然奇想如果在三十多年以前，我能夠在這個地方起居坐臥，不知道是怎樣的情形。這個地方，現在雖然也不是普通人所能隨便住的，但終覺得如在三十多年以前來住，味道要好得多。

第四次遊北平，便是今年的四月。因為老早拜託華北政務委員會的朋友，不要隆重招待，所以沒有斷絕交通，但是車子前後的兩匹電氣騾子，還是前呼後擁著，住的地方，仍是勤政殿。好在汪翊唐為我在六國飯店開了幾個房間，白天在勤政殿見客，晚上便到六國飯店睡覺。我是歡喜旅館生活的，住在這裏，比住在空空洞洞，大而無當的勤政殿要舒適得多。

六國飯店在東交民巷，我還是第一次住。住在這裏，立即就想起拳匪圍攻這裏的情形，就想起八國聯軍入京的情形。當年的首都，雖然曾經英法聯軍占領過一次，致文宗不能不蒙塵熱河，然而中國的元氣，究竟還沒有大傷。庚子之役，竟使中國一蹶不能復振了。到了這個傷心的地方，想起傷心的往事，倍覺傷心。但是一想到青天白日滿地紅的國旗，現在竟能飛揚於這個區域，立即便轉悲為喜，深覺事在人為，流一滴汗，必可收一滴汗的效果而增強我奮鬥的決心。

偕淑慧赴碧雲寺，拜謁總理的衣冠塚，又遊了玉泉山、頤和園，正值百花盛開的時候，很助我們的遊興。這些地方，都是舊地重遊，沒有甚麼特別感想。忽然想起來平數次，沒有到過景山。這個歷史上的傷心之地，一定要去，尤其是思宗殉國之處，要去憑弔一番。

站在景山的最高處，可以看見宮殿的全貌，可以看見北海和中南海，甚至於可以看見全城。我非常歡喜這個地方，盤桓了很久，纔慢慢下山，經過明思宗殉國處，撫摩古樹，不禁愴然。思宗雖是個亡國之君，然而能夠殉國，不願意作青衣侑酒的醜態，數百年後，猶令人起敬。

「朕非亡國之君，諸臣乃亡國之臣」。在這句沉痛而簡單的言詞中，可見得他也是一個想有所作為的帝王，可惜輔弼無人，弄得這樣悲慘的結果！憑弔古人，盱衡現勢，真令人不寒而慄！

華北的糧食問題，非常嚴重。聽說北平每日有百多人餓死，聞之悽惻，言之痛心。我常想自己沒有甚麼特別享受，不過是日食三餐夜眠一榻。現在想起來，已經是得天獨厚了。日有三餐可食，用不著去吃草根樹葉；夜有一榻可眠，用不著去睡水門汀。這不是特別享受是甚麼？在特別享受之中，萬萬不可忘記民間疾苦！固然，環境有困難，能力有限制，究竟實際上能為人民解除多少痛苦，謀得多少福利，乃是一個問題，但是心總不能不盡。盡了心，而力不能逮，還不至於內疚神明，外慚民眾。如果連想都不想，那真是全無靈魂，全無心肝。我以此自警，以此自勉！

到北平四次，每次的時局都不同。第一次在北伐告成的時候，最為高興。第二次在內戰開始的時候，興致索然。第三次在國民政府還都以後，又悲又喜。第四次在對英美宣戰以後，對前途懷著無限的期待。每次有不同的時代背景，每次有不同的悲歡情緒。我希望第五次到北平的時候，內則完成統一，外則奠定和平。總理遺囑中所求的中國之自由平等，也完全實現，我們到碧雲寺總理衣冠塚前，再舉行一次盛大的祭靈式！

廣州之行

今年四月到六月，三個月之中，北到哈爾濱，南到廣州，東到台北，西到武漢。因為都是在天空中飛來飛去，不能說是僕僕風塵，只能說是僕僕風雲了。

我的旅行，不是一件很輕鬆，很悠閒的事；要應酬，要講演，要聽取報告，要指示方略。不過我是一個賤骨頭，也可以說是好事之徒，沒有福氣享受清閒和安逸，越忙精神越好，越緊張身體越頑強；不僅是一天沒有事做，便覺渾身不適，就是一小時空閒，也覺著坐立不安。因此，我很歡喜訪問友邦或視察各地，過急促而緊張的生活！廣州之行，引起了許多回憶，發生了許多感想，夜窗人靜，閒著無事，特為之記。

本來可以由南京直飛廣州，因為上海有事要料理，所以四號到上海，令飛機六號由南京開到上海等候，七號動身。七號，乃是舊曆端午節。淑慧和戚友，都勸我過節再走。我說已經電告廣州，不便更改。湊巧那幾天天氣不佳，他們都希望七號天氣惡劣，不能行。果真，七號那天，大風大雨，不是「滿城風雨近重陽」，乃是滿天風雨過端陽了。不單七號走不成，八日也是一樣，真把我煩悶極了。第一，因為要走，所以既沒有故人晤談，也沒有治事的計劃，硬閒著在家坐了兩天。第二，不知天氣幾時可以轉晴，要等到何時纔可以動身。九號早晨起來，飛機的機長來電話，說可以飛行。於是和被赦的囚徒一樣，歡天喜地的到機場。機長報告今天直飛廣州，不經台北。十時起飛，非常平穩，我不知不覺的睡著了。也不知經了多少的時間，覺得機身搖動得非常厲害，彷彿隨員中有人說：「風雨真厲害！」我張目向窗外一望，只見急雨打窗，漫天重霧，我懶得去管，不知不覺又睡著了。第二次醒來，看看錶，是十二點十五分。機長報告下午一時可抵台北。我問隨員，先說直飛廣州，何以又要經台北？他們回答說，因為路上遇著狂風暴雨，用的汽油太多，恐怕不夠飛到廣州，所以到台北補充。到了台北著陸之後，飛機場的人說：「聽說你們直飛廣州，我們非常躭心，因為香港附近有颶風正向北方前進。」他們把氣象報告圖給我看，一個很大的表示颶風的紅圈畫在圖上，真把我駭了一跳。他們請我留住台北，並說：「不僅今天不能飛，就是明天上午也決不能飛，下午要看情形再定。」我只得在台北留下。這次真是危險極了。因為在上海動身的時候，不知道有颶風，所以決定直航。如果不是中途遇著風雨，因汽油不足而到台北補充，遇著了颶風，不是要葬身海底嗎？死生有命，不能說不是有一定的。

台灣總督府和台灣銀行都派人來照料，先送我們到鐵路飯店稍憩。上海動身的時候，天氣很涼，到台北熱極了，全身感覺不快。台北附近有高三千餘公尺的山，名叫草山，上面有很好的溫泉，是台北的避暑之所。他們送我們上山，同行的石渡最高顧問住台灣銀行的招待所，我和隨員住總督府的貴賓館。上山之後，大風大雨，便震天撼地的撲奔起來了。山上森林茂盛，遇著風雨，更覺山谷怒號，令人驚魂動魄。我們渺小的飛機，如在大洋的上空，遇著這樣萬馬奔馳的急風驟雨，焉得不與魚龍為伍！過後思之，猶有餘悸！

我是極愛溫泉的，此地的溫泉是硫磺質。一到山上，硫磺的氣味，便撲鼻而來。晚飯前入浴一次，飯後又入一次，舒服極了。深山之深夜臥聽風雨之聲，真有超塵出世之感。

十號早上，接得報告，上下午全都不能飛。於是和石渡顧問下山，拜訪總督府和台灣銀行謝其招待，並在台銀午飯。下午參觀博物館、農業實驗場、林業實驗場、和台北帝國大學。聽見農林業實驗場場長報告，知道他們改良和發展台灣農林業的努力，真令人又敬佩，又羨慕。到帝大的土俗館，看見了許多關於生番的生活、風俗和手工業的資料，覺得很有興趣，可惜無暇細細的研究。

十號晚上仍是雨絲風片，十一號風雨更大。閒著無事，煩悶欲死，一天入浴三次，以遣愁懷。晚上聽見簷前雨聲，樹上風聲，真有伍子胥過昭關，「心中好似滾油煎」之感！

十二號早上，居然可以飛行了。下山到機場，十一時起飛。繞香港入珠江流域。經香港的時候，回想二十七年十二月與公博由河內飛到九龍，思平到機場去接的情形，猶歷歷在目。可惜只在高空中俯看，未能重遊舊地。三時到達廣州。闊別十六年的廣州，居然在我面前了。十六年間，廣州遭逢的喪亂，閱歷的興亡，不知幾許，好像白雲山也蒼老了許多，不復當年的風采了。

第一次到廣州，是民國十三年五月，是應戴季陶先生電約的。和譚平山同船到廣州，住在永漢路的一家旅館中。當時中央黨部在惠州會館，我便去那裏看季陶。他要我任宣傳部的秘書，因為宣傳部新近接辦了香港的《晨報》，要我去香港暫任總主筆，我因為這個原因，曾經歷一個多月的記者生涯。當時我以為毫無辦報的經驗，堅不肯去。季陶對我估價過高，以為我去一定有辦法，所以只好前去一試。當時以為總主筆只要一天做一篇社論就行了，新聞如何取捨，如何排列等問題，全都不知，全都不管。不到一月就發生一個小問題。有條消息說季陶要做廣東政務廳長，我不知道登出來於他不好，所以登了出來。他便寫信埋怨我，說他是不做官的，難道我還不知道，別人要中傷他，造了這個謠言，我何以要登載。以後在社論裏面也發生了幾個問題。因為我當時還是共產黨員，立論當然有受攻擊的地方，因此我便自請調回廣州。今天舊地重遊，便想到二十年前初到此地的一段香火因緣。

陳省長德昭送我到省府的招待所，路上經過東山，是我前寓居之所，我的住宅就在很大的高爾夫球場近旁，現在不單是房子無影無蹤，連球場也沒有看見了。經過了舊省議會，是當年粵軍總司令部，經過了東校場，是當年北伐誓師之所，現在都變了，完全變了。經過了文德路、永漢路以及許多不知名的馬路。到了一個地方，德昭告訴我這是西關。西關？現在和二十年前我們外江人認為神祕的西關完全不同了！當時西關內是沒有馬路的，還是大塊青石鋪成的舊式街道，和馬路接鄰的地方有木柵欄隔著。當時的商團，便以此為根據地。我們當時認為西關是買辦階級反對革命的根據地，認為是神祕的巢窟。現在馬路一通，神祕也就暴露了。而且事變以後，變成了繁盛的中心，非常熱鬧。最後到了招待所。我和德昭說當年由天字碼頭坐小船到荔枝灣去玩，記得風景很好，現在想再去一次。他說「這裏不就是荔枝灣嗎？」原來荔枝灣早已成住宅區了。真是滄海桑田，我還在做夢呢！

到廣州第一件快活的事，就是到沙面去賞珠江的夜月。十二號晚上，承　汪夫人招宴，　汪夫人說沙面已經接收了，今夜月色甚佳，我們可以到沙面去賞月。於是便隨汪夫人和德昭到沙面。沙面！到了此地，便想起十四年的沙基慘案。以前，這個彈丸之地，乃是英美在粵侵略的根據地。現在把他們驅逐出去了。青天白日旗飛揚在這個區域了。花旗銀行，也變成中央儲備銀行了。我們從西橋進去，從東橋出來。沿著珠江繞了一週。在月影波光之中，遙望白鵝潭，遙望對岸的河南，撫今思昔，不禁悠然神往。

在廣州視察許多工廠學校，檢閱了軍隊警察和青少年團，都有很蓬勃向上的氣象，其中令我感動的，是　汪先生所主辦的工讀學校。這個學校，都是收容無父母的孤兒，大的不過十二三歲，少的只有兩三歲。他們的動作，都是軍事部勒。我看他們立正敬禮種種動作，都非常正確。我雖然不是軍人，但是因為擔任軍隊政治訓練的關係，過了四五年軍隊生活，深覺我們的日常生活，一定要軍事化纔有規律，纔有精神。我常留心看一般人鞠躬行禮的時候，腳步是如何站的。大概都是兩腳分開的，但是分開的形式又不同。有些左腳在前，右腳在後，有些恰恰相反；有些左右併齊，而仍是分開，也有些雖然兩腳緊接，但是不是立正的姿勢，而是把兩隻腳像一雙筷一樣擺在一起。還有行禮時，眼睛一定要看著對方的人，所謂「注目」。但是人眼睛看著別的地方行禮，我不知他們對誰行禮。這雖然是小的地方，但是可以證明我們日常的行動，沒有訓諫以致不整齊，無規律。現在看見這些男女小朋友，不單是天真活潑，動作敏捷，而且每一個動作，都很正確。這當然是訓練認真的成績。此外，關於勞作的練習，自治的組織，都很有可採之處，希望各地的兒童訓練，都以此為模範。

十五日上午赴黃花崗，恭謁七十二烈士的英靈。黃花崗，民國十三年偕淑慧參拜一次之後，至今年已二十年了。這二十年之中，國家遭遇了多少變化，個人經歷了多少憂患，現在的情形，國家仍舊河山破碎，七十二烈士之遺志，未能完全實現，個人則依然故我，百無一成，重臨聖地，家國之憂，身世之感，不禁油然而生。

人生的遇合，那裏能逆料呢？當時收埋七十二烈士的忠骨的，是嚴孟繁先生。他當時任廣州府知府，是一位幹員。那時我還是鄉村私塾的一個塾童。當時那裏會知道三十年之後，我會做財政部長，他會做次長，而有三年的同僚之雅呢？

由黃花崗到觀音山。當我還沒有重到廣州之前，很關心觀音山上的鎮海樓，俗名五層樓的，在兵火之餘，是否仍舊存在。到那裏一看，雖然遺跡尚存，已經是破壞不堪了。此樓在南越故宮舊址。明初所建。我們湖南先賢彭剛直公曾書一聯云：「萬千劫危樓尚存，問誰摘斗摩星，目空今古。」「五百年故侯安在？使我憑欄看劍，淚灑英雄！」這副對聯，因兵燹燬去，胡漢民先生重書之，復自作一聯云：「五嶺北來，珠海最宜明月夜。」「白雲晚望，故宮猶是漢時秋。」如今也都燬去，徒留下後人憑弔的遺跡而已。登紀念塔，遠望白雲山聳立於後，珠江橫繞於前，千萬人家，炊烟縷縷，不覺心曠神怡，豪氣縱橫，雖不敢有彭剛直公目空今古之概，卻發生了淚灑英雄之感。

由紀念塔下山，經過山腰一地，有碑聳立，上書孫先生讀書治事處，就是當年陳炯明叛逆時炮擊的地方。我重臨此地，恰巧是總理蒙難二十一週年紀念的先一天。回想當年總理脫險的情形，以一艘軍艦抵禦叛逆的大兵的情形，更增加景仰和崇拜的心思。

在廣州最後的一晚，因為行事均已完畢，省府同志，約到海珠戲院去看粵戲。提起看戲，我是極感興趣的，我平生有三大憾事。最愛讀詩而不能作，最愛山水畫而不能畫，最愛聽京戲而不能唱。我很想能作詩，能畫畫，能唱戲，看見別的人能夠，非常羨慕。但是我沒有這些事情的天才，恐怕這三大憾事，終身不能彌補了。

粵語我大約能聽，說白是懂的。唱詞，因為 汪夫人叫人買了一本給我，一面對證古本去看，一面去聽，自然全部了解。那齣戲，叫「客途秋恨」，詞句很好，乃是廣東最有名的戲，描寫洪、楊剛要起兵時的一段戀愛的事。因此，看起來，頗有兒女英雄之感，很感覺興趣。

十六號的天氣甚好，我們一行，便一直由廣州飛回上海。雖然只有四天的勾留，但是十六年的闊別，卻借此得到相當的慰藉。

武漢追憶鱗爪

本年六月，到武漢視察一次，也和到別處一樣，引起了許多新的感想和舊的回憶，秋夜雨窗，追懷往事，特就記憶所及，寫出來留作後日的紀念。

謀事在人，成事在天，就是一件小小的事，也不能照如意算盤去實現。我的計劃，是先視察武漢，再去廣州的，所以打算五月二十七日飛漢。那知道那天天氣異常惡劣，不能飛行。到了二十八日，南京天氣，覺得稍好，以為可以動身，那知氣象報告說沿途氣候不佳，萬不可行，只得又延到二十九日。那曉得那天天氣更壞，我因為二十日以後，南京已有預定的事要做，不能離京，所以武漢之行，暫時祇好作罷。一直等到廣州回來之後，六月二十八日纔達到視察武漢的目的。本來想先到武漢，後到廣州，天卻安排我先到廣州，再到武漢。世間的事，那裏能由人算呢！

二十八那天，氣壓很低，也不是飛行的好天氣。我因為不能再展期，主張冒險起飛。沿途因濃霧的關係，飛得很低。田舍雞犬，都歷歷看的很清楚，因此長江的形勢，和大別山脈的雄奇，都能夠細細的觀覽，「十萬大軍齊鼓掌，彭郎奪得小姑回」的小姑山，「山高月小，水落石出」的赤壁，都從天空中遠遠的遊矚，因此，想起長江一帶古往今來的種種史蹟，不禁發生「滾滾長江東逝水，浪花淘盡英雄，是非成敗轉頭空」之感。這樣弔古傷今，不知不覺之間，兩小時半的航程，很快的就到了。

下了飛機，中日各長官，都來歡迎，少不得一番應酬和忙碌，於是便驅車到怡和村的省府招待所。

我除南京和上海之外，曾經工作過的地方，便是武漢和廣州，而武漢來來往往的次數更多，所以對於武漢的印象更深，而值得回憶的事亦不少。

民國十五年，北伐軍到達武漢以後的情形，我在〈盛衰閱盡話滄桑〉一文中，已經說過。十六年離開武漢以後，到了十七年北伐軍到達北京，七月間隨節北上的時候，又重臨武漢。我們由南京坐軍艦到漢口，由漢口坐平漢車到北京。當時的武漢，是桂系的勢力。晚上李德鄰（宗仁）在銀行公會歡宴我們。當時有兩點使我感觸最深。第一是我們在樓下冠蓋滿堂，盛大宴會的時候，程頌雲（潛）卻被軟禁在三層樓的一個小房間裏。原來李德鄰把唐孟瀟趕走之後，便組織了武漢政治分會，推程為主席，以對抗南京。後來忽又把他軟禁起來，而湊巧歡迎我們又在軟禁他的地方的樓下。南京的人為座上客，而用以對抗南京的程頌雲，卻變成房裏囚。政治的升沉，人情的冷暖，怎麼不叫人感慨！我當時想程頌雲孤坐斗室中，聽見樓下軍樂悠揚，歡聲嘈雜，不知如何酸辛和感喟！第二是在宴會中，忽有人要大家題字，我當時坐在蔣先生的右首，心裏暗想，看他題幾個甚麼字，他拿著筆沉吟一會，便寫出「人定勝天」四個字。因為當時蔣桂之間，已有很深的裂痕，我們知道遲早總要兵戎相見，他寫這幾個字，是有深意的。果然第二年，我又隨著西征軍重到武漢。

這次西征，我和楊暢卿（永泰）兩人，都是以個人資格，隨軍幫忙的，沒有甚麼名義和具體任務，所以到了漢口之後，便和暢卿住在廣東商人所組織的俱樂部適安總會。有事召見，便到總司令部走走，其餘都是自己的時間，很覺逍遙自在。我覺得這樣半幕僚、半清客的地位，不單很輕鬆，而且可上可下，甚麼人都見得著，甚麼人也都可接見，不受身分和地位的束縛，言行都有自由。雖然沒有具體的責任和權力，卻到處都被人尊重。每日和親朋故舊來往談天，在戎馬倥偬之中，卻能享受清閒之福。那知道不到半月，便奉令做總司令部政治部主任。當時的主任是方子樵（覺慧），因為他調湖北民政廳長，我便被臨時拉夫去應急。當時一無助手，二無準備，真弄得手忙腳亂。那時湊巧現任司法部長羅君強同志，也隨某師部到漢，便請他做主任秘書，七拉八湊的組織了幹部去接收。總政治部駐在當時南洋兄弟烟草公司。十五年北伐軍初到漢口的時候，總政治部也設在這裏。好像漢口的南洋兄弟烟草公司，和總政治部有著不解之緣一樣。就職之後，忙碌了一場。剛剛佈置就緒，就奉令班師回朝。因此我和武漢，又多了一次淵緣。

以後也到了武漢兩三次，例如第一次對馮之役，湘鄂贛勦匪之役，都曾到過，不過都只有三四天，沒有可以敘述的。

二十六年，政府西遷後，在武漢工作了差不多一年。在這個時期，卻有許多不能忘記的經歷。

政府西遷，照理我往江北，而運命卻註定我退往武漢。

原來二十年以後，我任江蘇省政府委員兼教育廳長。二十五年春，公博辭去中央民眾訓練委員會主任委員，改組為民眾訓練部，我被選為部長，仍兼江蘇的職務，每週往來於南京鎮江之間。二十六年春，奉命把民眾訓練部讓回與公博，專任江蘇職務。所以我本應該隨江蘇省政府，退往揚州的。那知事變發生後，成立了大本營，其中的第二部，主管政略，熊天翼（式輝）做部長，我被任為副部長。後來不久，因為侍從室事忙，陳布雷任主任，感覺不夠應付，我又被命兼侍從室副主任。後來江蘇省政府改組，顧墨三繼陳果夫為主席，各廳都易了人，滑稽得很，祇有我仍蟬聯。當政府西撤的時候，我覺得江蘇局面雖小，我究竟是主管長官，中央的事情雖然重要，我乃是副手，所以自己的意見，打算隨江蘇省政府，移往江北。那知請示之後，卻要我隨軍事委員會西遷。於是我又到了武漢。

離京西上的情形，也可借這個機會說一說。南京非常緊張，最後的一隻船，幾天內就要開出，我已被指定坐這隻船動身。忽然漢口來了一個長途電話，卻是淑慧打來的。原來她由長沙到了漢口，第二天就要坐船來南京。她在事變發生之初，就送小孩回湖南。當時我總覺得事變不會擴大。因為根據當時中日雙方的形勢來判斷，決定到了相當時期，就會結束。後來會見許多當時當局的日本朋友，他們也說日本當局，當時確沒有預定計劃要擴大。所以我當時的觀察並沒有錯。那曉得竟陰錯陽差的擴大而且延長到現在，這不是很悲慘的運命麼？這些政治論，這裏不便多談。我當時因為斷定不會擴大，所以雖然看見許多人搬家，我卻不贊成。但是淑慧卻獨斷獨行，大規模的準備回湘。原來我和淑慧，是分疆而治的。我外面政治上的事，她從不過問，至於家庭以內的事，我則向不干預。所以她要送小孩回湘，我也不能阻止。不過肚皮裏暗中好笑，笑她忙著搬回湖南，不久就要忙著搬回南京，真是吃飯閒著不舒服，要庸人自擾的忙去忙來。那知道以後局勢竟這樣演變！如果不是她「一意孤行」先搬回湘，還不知會有甚麼慘劇發生。現在想起來，真是多謝她的果斷。

當時接得她的電話，真令人進退維谷。讓她來，如果她未到而我已先撤退，怎樣辦呢？不讓她來，她已於萬難之中，得到船位，明晨就要開船。最後決定聽天由命，只好讓她來罷。她到南京祇三天，我便奉令撤退。淑慧和吳世庭女士同來，要替她們弄船位，在當時混亂擁擠的情形下，是極不容易的事。正在一籌莫展，圍爐商量的時候，大約是下午六七時，熊天翼忽然來說，弄到一個艙位，但是當晚就要上船。於是便在淒風苦雨的深宵，送她們上船了。我這纔一把心放下。第二天下午，我也上船了。何敬之等，都在這個船上。當時張文白新任湖南主席，我便和他住一個房間。因為過於疲倦，入夜便睡。真是「夢裏不知身是客」，一覺醒來，見不是家中常住的臥房，頗為驚異，再一細想，乃知已離京了，已離家了！返京何日，歸家無期，不禁愴然涕下。

到了漢口，便找到了淑慧。在漢口住了四五天，雜沓紛亂，莫可名狀。在兵荒馬亂之中，也沒有工作可作，湊巧文白赴湘就職，約我回長沙一遊，我便乘這個機會，與淑慧、君強、世庭乘著文白的專車到了十年不見的長沙。

忙亂一陣之後，便抽閒去遊岳麓山。自從民國二年遊岳麓之後，已經二十四年了。現在重臨舊地，好像天涯遊子，浪跡歸來一樣。回想二十四年的光陰，真如白駒過隙。常讀筆記，說榮華富貴，不過黃粱一夢。這個味道，到了這個時候，纔真正的體驗出來。二十四年中，不知道經過了多少憂患艱難，滄桑變幻。過後一想，都還不是一夢！現在遊山的我，和二十四年前遊山的我，有甚麼區別？不是像二十四年前遊山的時候，忽然睡著，一直睡到現在纔醒一樣？當時這樣想來想去，真有看破紅塵，立即披髮入山之感！

在長沙住了一星期，正是陶德曼調停和平的時候，接得漢口的電召，忽然又凡心大動，重行跳入十萬紅塵之中，離妻別子，再到了武漢。

到漢口住范紹陔（熙績）家中。紹陔，以後在重慶一別，不久即作古人。如今墓木已拱，回憶故人，不禁黯然！當時陶德曼調解，雖然沒有成功，但是各部機構，各方人員，均已漸漸集齊，於是開始工作。臨時全國代表大會開會之後，接著開中央全體會議。顧孟餘被推為宣傳部長，我被推為宣傳部副部長。當時顧在香港，明知他是不會來的，所以就叫我代理部長。此後一切的思想、言論和活動，因為都是與政治有關係的事，和本刊（《古今》）的性質不合，所以等待別的機會再說。

不久，淑慧也帶著兩個小孩來了，大家都住在紹陔家中。我們覺得小孩子不能跟著我們流浪，要找個固定的地方讀書。商量好久，沒有妥當的地方。我忽然想起在南京時，大家紛紛搬家，城南的搬到城北，而城北的卻搬到城南，究竟不知那裏安全。有天，布雷駭頭駭腦的忽問蔣先生道：「搬家搬到那裏頂安全？」他回答道：「香港。」想不到香港以後，也要受炮擊，也要被轟炸，也要搬家逃難。國際關係的風雲變化，那裏能夠預料。當時我想起這句話，便主張香港。淑慧起初不贊成，以後也同意了。動身那天，我送他們母子三人過江，到武昌的南湖飛機場。離別，是苦事，在亂離的時候離別，後會無期，尤其是苦事。當時父母子女，依依惜別之情，豈僅是黯然魂銷四個字所能形容。看著他們飛機去遠，纔忽忽若有所失的過江返漢。那時香港沒有可靠的友人，淑慧能攜兒挈女，遠適人地生疏的地方，我至今又是感激，又是敬佩。湊巧胡筆江在港，極力照料，並接在他家中居住。好友盛情，至今不忘。不幸筆江乘機失事，也作古人了。追懷舊雨，曷勝欷歔！

當時精神上非常煩悶，晚上不是到唐壽民處談天，便到劉少岩家消遣。當時在武漢的要人，如何雪竹、陳雪暄、葉孛孛、楊揆一、范紹陔等，幾乎每夜都到少岩家，從盤古開天地談到現在，從北極談到南極，把一天的疲勞和心裏的煩悶，排洩於亂談之中。最後，大吃一頓豐富的宵夜，大家各自歸家。當時聚會的人，現在只有兩三個常常見面，此外，生離的生離，死別的死別，「盛會不常，盛筵不再。」平時如此，何況戰時！現在朝夕祈禱生離的朋友，不久舊雨重逢，再作盛會。

我因久住紹陔家，不大方便，打算另覓房屋。此時淑慧在香港備置就緒，由湖南把楊老太太和吳世庭女士接到香港，將小孩交給他們照料，又飛到漢口來了。此時紹陔忽賦悼亡，於是我們便在法租界租了一棟獨立的房子，搬出居住。當時侍從室在武昌，宣傳部本在武昌，後遷漢口，每日渡江往來於武昌漢口之間，日子也很容易的混過去。以後消息一天一天的緊張起來，淑慧不能再住漢口了，於是又送她飛去香港。當時因為消息不佳，所以握別的時候，較先一次尤為腸斷。因為雖是生離，在當時戎馬倉皇之中，保不定就是死別。淑慧走後，壽民也去香港，少岩家常聚的人，也漸漸寥落起來，只有雪竹等三四人了。景況蕭條，令人生孤城落日之感！不久，我也隨宣傳部的西移，飛往重慶去了。

到渝不滿一月，又奉召到漢，先住雪竹家，後遷兩儀街交通銀行宿舍，原來壽民往的地方。這個時候，少岩也舉家遷港，我們的夜會，已移到交通宿舍，而聚會的人更少了，只有雪竹是常務委員，每夜必到。我在漢口又住了三週。那時侍從室已隨節遷到漢口，所以不必渡江，每日只在漢口工作。三個星期中，形勢一天險惡一天，消息一天緊急一天。街上連黃包車都看不見了，天色一黑，家家都關門閉戶，整個武漢三鎮，都變成三座死城，淒慘、嚴肅、蕭森的戰時景象，真令人觸目驚心。漢口陷落的前一晚，我奉命飛往重慶，布雷則奉命隨節飛往衡山。黃昏時候，到布雷處去辭行，當時一別，至今未能晤面。朋儕中我與布雷性情最投，交誼最篤。如今天南地北，會唔難期。暮雲春樹，我勞如何。言之不勝心酸。深夜十二時，與雪竹握別後，逕赴飛機場，於昏夜之中，又與武漢告別，飛向成都去了。（因為當時重慶還沒有夜航設備。）

這次到武漢，把一切前塵影事，一幕一幕的重映於腦海，使人悵惘，使人辛酸。由飛機場到怡和村，本可不經江邊，因為警戒的關係，繞江邊馬路而行，因此經過老中央銀行，想起二十七年每週來此出席最高國防會議的情形，經過　汪先生的舊居，想起當時常出入此間，請示並談論時局的情形。進了舊法租界，經福煦路見紹陔舊宅，房屋依舊，而紹陔夫婦，都已與世長辭，人世靡常，倍深感慨。再經少岩舊宅，想起昔日聚會的朋友，風流雲散，天各一方，又不覺生寂寥之感。總而言之，觸景生情的地方，實在太多了，那能一一的描寫出來？

視察武漢財政特派員公署，中儲漢支行和漢口特別市政府，均分別簡單訓話。這些地方，也都是以前常到過的。比如現在的市政府，就是二十七年　汪先生辦公的地方，當時也常見我的踪跡的。

第二日渡江過武昌。漢口，在還都那一年，還來過一次，至於武昌，乃是事變後的第一次了。二十七年在武漢的時候，每日差不多都要到武昌，雖然奔波為勞，我卻非常歡喜過江。因為我們坐的是專船，沒有甚麼嘈雜和擁擠，賞玩著烟波浩渺，落日遠帆的景色，真令人心曠神怡。尤其是乘風順流而下的時候，立在船頭，大有乘長風破萬里浪的氣概。這次渡江，覺風景依舊，乘風破浪的豪情壯志，似尚不減當年。到省政府視察，並召集行營，省黨部黨政軍各幹部略為訓話。楊省長揆一，約赴珞珈山。經閱馬場時，十六年北伐在這裏開民眾大會的情形，猶歷歷在目。但是現在「場」早沒有，變為簡單的公園了。到了武漢大學，看見巍峨的建築，沒有破壞，心為之安。可惜絃歌之聲早絕，不復聞於今日了。二十六年春的臨時全國代表大會，就在此地開的。當時因為避免空襲，都在晚上開會，而且路上絕無燈光。我和布雷共坐一車，暗中摸索前往，鬧出許多笑話。此情此景，宛如昨日。

由路珈山進城，登蛇山，步行到黃鶴樓。樓臺傾圮，滿目荒涼，不復有當時之盛。漢陽的樹，鸚鵡洲的芳草，早已不可復見了。不過長江雄偉的形勢，猶千古如一日，登高遠望，令人精神為之一振。

天氣奇熱，晚上是張市長范卿的公宴，我正愁著怕熱，他妙想天開，席設在中山公園。我聽見非常高興。中山公園面積比上海的兆豐公園還大，事變以前，就佈置得非常之好。我以前於工作疲勞的時候，也常來此嘯傲。事變後經市政府擴大和充實，比以前更加林木幽盛。散步其間，俗塵為之一滌。不過煞風景的，就是我們所到之處，遊人絕跡。因為大批武裝警察，前呼後擁，不待警察號令，遊人早已避開。我想：我們像這樣離開民眾，與社會隔離，不單是政治上不是一個辦法，而且還有甚麼人生樂趣呢？不過地方當局有警戒的責任，也是莫可奈何。

我最關心的，是水災，所以約張市長陪著。沿途張公堤視察一周風景很好，不過張公堤如果不是平常有準備，等到臨時水大要「搶險」，卻是不容易。因為在水大的時候，堤的內外都是水。一線土堤，在水的中央，怎樣能抵巨風大浪！而且搶險要土，一線長堤，那裏有土可掘。好在市政府工務當局，在沿堤均築有土台，預備了許多土以便臨時應用。自從還都以後，我每年都躭心水災和旱災。因為在兵荒馬亂之餘，如果一個水旱之災，人民真會沒有噍類。前年夏天，許久未雨，我每日早起晚睡的時候必定看看天氣。如果是晴天萬里，就要躭心，假使是陰雲四合，就覺得愉快。有天晚上送影佐中將到門前，他向我敬禮告辭，我卻望著天空沒有看見。他問我看甚麼，我告訴他看看今晚有沒有下雨的希望，他恭維我一句道：「這纔真正是政治家。」其實一個人的心理或觀念，是隨著地位和責任而異的。我負財政的責任，對於水旱，固然不能說完全漠不關心，但是無論如何，沒有這樣關切。因此，又想起一句成語，就是「到甚麼地步說甚麼話，做一日和尚撞一日鐘。」有人說這兩句話，表示中國人只知得過且過，沒有永久遠大的計劃。我卻不以為然。如果個個人都能實行這兩句話，那就好了。因為第一句話是表示要適應地位，就是到了做教員的地步，就要說做教員的話，到了做官的地步，就要說做官的話。第二句是表示要負責。我們現在只怕到甚麼地步不說甚麼話，當教員去談做生意，做官的專去逢迎。我們也怕做和尚的不去撞鐘。所以一個人要知道自己地位，要明瞭自己的責任，而去完成站在自己地位所應負的責任！

一號上午，分別接見了各方面的人，詢問武漢的近狀。武漢，本來東西有長江，有平漢、粵漢的交通，站在四通八達的樞鈕，而為各方貨物集散之地。現在情形全不同了。一樣情形之下，那裏能怪物資缺乏，民生憔悴呢？這種情形，我們萬萬不能令他長此下去！

下午一時，於天朗氣清之中，飛離武漢了。此較二十七年十月，昏夜飛離武漢時，自是另一心境。

極樂寺

今年十一月中旬，在東京大阪公務完畢之後，抽暇到京都休息了幾天，因此有機會重臨十八年前的舊居極樂寺。

在京都留學的時候，最初住在田町的牧田家，幼海就在此地出世的。前年春天淑慧遊日，以及我於前年夏天經京都時，都曾去訪問過。這些經過在〈扶桑笈影溯當年〉一文中，都曾敘述過。但是以後由牧田家遷居的極樂寺，我和淑慧前年都沒有重去訪問。這次在京都，是住在鄉下的：離京都市內汽車約五十分鐘的大原村。我的朋友若松氏，在此地有個極幽靜的別莊，我便下榻其間。我們在登山臨水，探險尋幽之餘，我忽然想起十八年前所居的極樂寺內的一小屋，不知現在是如何情形。於是約著友人岡田大佐及伊藤氏，陪著去探訪。極樂寺是在吉田山的後面，京都帝大，卻在山前。我以前每日上學和回寓，都要經過山上的。山上廟宇極多，不僅叢林茂樹，備極幽邃，而且富有歷史

▲極樂寺大門

的事蹟，遺留著封建時代的色彩。我每日安步當車的上嶺下山，賞玩著沿途風景，懷想著歷代的變遷，覺得非常有趣。此情此景，回國以後也常常追念。這次重訪故居，好像去看一位久別的朋友一樣，在沒有會面之前，有著極複雜而不能以言語形容的感慨情緒。我叫車子開到京都帝大的門前停下，便下車步行。岡田和伊藤，不知道極樂寺在甚麼地方，只得跟著我走。我們慢慢拾級上山，看見山上的廟宇，樹林，以及其他一切，都和十八年前一般無二。京大的左近，都和以前大不相同了。比如我們以前住的吉田町，附近都是田地。我和淑慧常於晚飯後散步田間，現在卻一片都是房屋了。唯有吉田山。雖然經過了十八年的風吹雨打，卻仍是當年的風采，似乎在那裏點頭含笑，歡迎故人；又似乎在那裏搖首嘆息昔日的少年，今已兩鬢欲霜了。沿途遇著許多頭戴方帽，手攜書包的京大學生，不禁回憶十八年前的學生時代，對他們發生豔羨之感，而希望重過當年的生活。每一個人的

▲周佛海及日友伊藤芳男、岡田酉次兩君重遊極樂寺留影

心理，都是憧憬未來，留戀過去，而不知道把握現在。有許多生活或環境，在當時並不覺得怎樣滿意，但是一到了它們變成記憶中的陳迹，這些東西，都變成有意義有價值的東西，而想重尋舊夢了。我也曾戴過方帽，攜過書包，每日經過這個山上的。但是當時對於這樣的生活，決沒有現在對於這樣生活，感覺著有興趣，有意義。我們還是把握現在罷！不要等到現實的現在，變成記懷中的往事，再去留戀。這樣東想西想不覺到了極樂寺。

我們以前住的房屋，在極樂寺大門的右首，矮小得不能形容。屋內只有兩個房間，前面的有六疊蓆子，我們的寢室、會客室、餐廳，以及其他的一切，都在這裏。後面那間，是個長方形，可憐面積只有兩疊蓆子。這便是我的書房了。左邊有一條長方形的隙地，便做小規模的廚房。屋外的院中，有一口四家共用的井。淑慧淘米，洗菜，洗衣，都在這個井邊，而我每晨早起，也就自己打起井水，用冷水洗面，雖在隆冬，也是這樣。井邊一棵老松，蒼翠得非常可愛，為我們門前的唯一點綴。這

▲庭院之小井（周佛海留學時每晨自汲井水洗臉）

便是那個房子的大概。

這樣矮小而堅固的房子，經過了十八年的歲月，我以為一定傾圮或翻造了。那知道到那裏一看，卻和以前一模一樣的絲毫未變。我懷著莫名其妙的情緒，周圍細看了一遍，可惜屋內有人，不便驚動，沒有進去看看十八年前起居坐臥的地方。時間經過了十八年，不能說是不長了，但是今天重臨，過去的情景，還是像昨日一樣。不過十八年中，遭遇了多少艱難憂患，經歷了多少離合悲歡，恐怕古井，已不復認識當年在他口邊洗臉的少年，蒼松也不復認識當年在他身旁盤桓的學生了。

▲周佛海當年所住書房之小窗依然如舊

岡田、伊藤，看見這樣的小屋，吃了一驚。他們知道我當年是窮學生，但是萬想不到窮得這個樣子，而住這樣的陋屋。我告訴他們中國戲劇上有叫做武家坡的一齣戲。我現在重回十八年的故居，好像離鄉別井十八載回到寒窯的薛平貴一樣。其實這個小屋比現在相傳的薛平貴的寒窰的西安郊外一土洞，還要窄小。記得二十四年春天，力子任陝西省政府主席的時候，約我和淑慧往遊華山，因此到了西安。有天楊虎城招宴，說起戲劇中的武家坡，便在西安城外數十里。淑慧好奇，一定要去看，我們便乘車從黃沙撲面的陽關古道，去到武家坡。所謂寒窰，是三大間土洞，洞內還有樓。薛平貴和王寶釧有著這樣的好住處，和十八年前我們的住處比起來，真算是闊了。怪不得王寶釧能夠在這裏苦守了十八年。這些雖然是笑話，足見我們當時故居的破陋了。

既然回到我的寒窰，就自然而然想起當年共苦的我的王寶釧。淑慧當年在井邊洗菜，在院中曬衣，坐在門前做針線的情形，都一一如在目前。我現在走進寺門，好像我當年由學校回家一樣。淑慧常說當時雖然物質生活覺得窮窘，但是精神上比較現在似乎要愉快。因為當時和外界接觸很少，過著單純的生活，自然不覺得人世的煩雜和苦悶。我有時也這樣想。

我是一個毫無憑藉的窮學生，畢業後怎樣纔能謀生，怎樣纔能做事，是當時不能解決的問題。想來想去，只有用功讀書，多求一點學問，纔能做謀生和作事的憑藉。因此我體驗出一個道理。這個道理，雖然不是我發明，而為前人早已說過的，但是我個人體驗出來的，卻是在這個陋屋之內。我覺得一個人要做一番事業，一定要有個條件。這個條件，用句外國話來說，就是Make yourself necessary!一個人在一家，在一鄉，在社會，再大一點說，在國家，一定要令人覺得少了你不行，或非你不可，然後你的地位，纔能慢慢的重要起來。如果別人覺得有你不為多，沒有你也不為少，換句話說，就是你是個可有可無的人，那你就會沒有出路，至少也不會有發展的機會了。所以一個人要做到人來求我，我不求人，然後纔不怕沒有出路，不怕不能發展。在我當時的客觀的環境，畢業後是非求人不可的，但是我的主觀的意志，是要人來求我。現在回想起來，覺得異常狂妄。但是運命這樣東西終叫我的意志實現了。我最初回國，赴粵作事，是季陶電約的，我並沒有託他。以後一切工作的調動和地位升遷，沒有一件是我自己請託或運動而來的。我不敢說，我有甚麼了不起的本領，但是實在的經歷，卻是這樣。今天重復到了這個故居，想起當年的思想，和那個時候以後的經歷，覺得很湊巧的十八年來的經歷，完全照著當年的思想前進。

在寺內盤桓了許久，過去的一切，一一重復記憶，回溯過去，感慨未來，不知道再過十八年，我是甚麼樣子，這個小屋是甚麼情形，世界的一切，又是怎樣的變化。於是和同行的兩位，拍了幾張照片做紀念。滄海桑田，異日的變遷，等到異日再來追溯罷。

民國三十二年十二月十八日於上海

自反錄

「人苦於不自知」，這句話我們常常聽見，足見知人固難，知己也非易事。但是一個人如果連自己都不知道，那裏能夠好好的處世接物呢？我常常站在我自己以外，來批判我自己；換句話說，就是以客觀的態度來反省，看看我自己究竟是怎樣的一個人，我平日的習慣和做事的作風，是好或是壞。今天擇其可以發表者寫出來去清償《古今》的文債。這篇短東西，是赤裸裸描寫個人的性格，既無護短之心，更沒炫長之意，不過自反而已。

我最沒有恆心。無論做甚麼事，都是或作或輟，半途而廢。除卻晚上記日記，飯後睡午覺兩件事，十年如一日之外，沒有一件事能夠繼續長久的。平日也學了一些修養的功夫，衛生的方法；平日也定了一些讀書的計劃，處事的程序，但是都是一曝十寒。所以弄到年將半百，一事無成。道德文章，學問事業，一無成就。這都是無恆的結果。這個毛病如不痛自針砭，將來一定是與草木同朽，那裏能為天下國家，負擔責任！

我是一個率真的人。這一點，我的朋友都有共同的認識。喜怒不現於詞色，我是絕對做不到的。三句話不投機，便面紅耳赤的爭起來。要想說甚麼就說，不知隱藏，不知顧忌。要我說假話，是萬不可能的。因此做起事來也是走直線。轉彎抹角的走曲線，不單是我自己做不到，而且和這類的人談話或共事，真要我的命。但是這究竟好不好呢？民國十七年戴季陶先生撰書一副對聯送我道：「困學乃足成仁，率真未必盡善。」這真是對症下藥，針砭我的知己之言。因為我無恆，所以季陶要我「困學」。至於率真，他老實說未必盡善。影佐少將曾和我論做事的方法。他說：「做事不可用詐略，但不妨用謀略。」這也是勸我做事不要過於率真，不要太走直線。這些好朋友對我的規勸，於我是非常有益的。我的記憶力很不好。在學生時代，曾用了七八年的苦功，想成一個學者。但是最後，我自己因為絕望而放棄了這個野心。因為「博聞」之後，要「強記」纔行。博聞而不能強記，任憑讀了多少書，有甚麼用處？但是說起來奇怪，我做起事來，卻比較有記憶力。很小的事情，當然也常常忘記，但是比較重要的事，我卻一件沒有忘過。現在我每天頭腦中，不知要裝多少複雜而不連貫的事，而且這些事都要去做的，但是竟沒有因為忘記而誤一件事。每每和日本朋友議事的時候，他們都拿出一本小冊隨談隨記，我卻沒有記過。有一次和影佐少將商量許多要緊的事，他照例的筆記，看我仍不記，便勸我道：「你不要仗著頭腦好，還是記下為妥。」讀書沒有記憶力，做事卻有記憶力，是不是古人所說的「酒有別腸，詩有別才」的意思呢？

用人還是將將好呢？將兵好呢？這當然是看怎樣去運用。但我的性質，是完全將將的。一件事交給一個人，完全是「委任責成」。不猜疑，不牽制。委一個人做一件事，在他的左右前後，派一些人去監視，在我的天性上是絕對不願做的。數年前和熊式輝論用人，我本著「用人不疑，疑人不用」的老生常談，他卻主張「用人必疑，疑人必用」的走偏鋒的辦法。他說像我的辦法，一定弄到太阿倒持，尾大不掉。我說這完全看所用的人如何，所將的將如何，如果所託非人，當然有這樣的毛病。所以「知人善任」，乃是先決的條件。我的將將的辦法，當然也上過一兩次當，但是大體是成功的。不客氣的說，對於「知人」這一點，我雖然沒有十分的本領，但是確有七八分的自信。

我覺得弄手段，是最蠢不過的事。我聰敏，人比我更聰敏；我會弄手段，人比我更會弄。即使人家被我欺騙一次，決不會再度或三度被騙。等到一被人發覺，那便一切都完了。所以我治事待人，都是老老實實的開誠相與。曾文正大家都知道是以誠待人，以拙治事的。但是他最初卻是相當的用權術，弄手段。從他的經驗中，知道權術有時而窮，手段有時而盡，所以他改變作風，以誠以拙。雖然到了他的身後，還有人批評他是偽君子，這未免過於苛刻。我治事待人，一向也都本著誠拙兩字，究竟這個作風會成功或失敗，那就管不得許多了。

富於情感而面子軟，是我的長處，也是我的缺點。當面被人請託或要求，很不好意思拒絕。人家常常利用我這一點，我也曉得因此常被人利用。我的好朋友常說我是好好先生，太「易與」了，勸我要「厲害」一點。我也常常這樣想。但是我的結論，是聽其自然罷。寧人負我，毋我負人，個人吃一些虧，上一些當，也算不得甚麼，何必計較？

容易衝動，也是我最大的毛病。這也是率真的結果。常常感情用事，理智都不能克服；因此引起不少的反感和誤會。這個脾氣，雖然居心無他，究竟不可為訓。關於這一點，因為常常痛自抑制，火氣比以前小得多，我的朋友，都也知道，樸之、默村等常常說我進步得多。但是江山易改，本性難移，衝動的時候，仍然難免。

做事敏捷而果斷，是我的習慣。這乃是性急的結果。但是果斷的結果，易流於輕斷。一件事的利害得失，沒有考慮得非常周密，遽下判斷，遽去實行，實在不算「老練」，怎樣能使果斷不變成輕斷，怎樣能使深思熟慮不變成遊移不決，是今後要下苦功的地方。

有相當魄力，是我自負的地方。說做就做，說幹就幹。一件事只要認為正當，而決心去做，是不論成敗，不顧毀譽，不計得失，一定要幹到底的。但是因為上述的有時容易由果斷而流為輕斷，過去也許有了不少錯誤認識，所以對於任何一件事，正確的認識，充分的理解，和其前因後果的適當的考慮，在我是絕對的必要；否則，生吞活剝，鹵莽滅裂的情形，恐不能免。

勇於負責，也是我的天性。我常常想為國家做事，為領袖服務，不僅要任勞，而且要任怨。但是自古任勞易而任怨難，我以前也曾考慮過，何必怨尤叢集，使一身成眾矢之的？但是我仍以為應該做的事，應該說的話，應該不顧毀譽，不計恩怨，要負責去做去說的。不過最近也許我世故漸深，漸漸的失去這個特性了。這究竟是進步或退步，實在難說。不過我總想務必保持我的天性，或者方法巧妙一點，使一方面仍舊負責，一方面不招怨尤。

我性情疎懶，不好應酬敷衍。見我見不著，請我請不到，人來拜訪，我不回拜。所以許多人以為我架子大。其實我服官十五年，仍不脫書生本色。我的朋友，都知道我言語行動，生活習慣，仍完全是學生派。不過無謂的應酬，我實在是不願意。但也絕對不是不合人情的孤僻高傲。因公來見的人，無一不接見的。有意義的宴會，沒有不到的。不回拜人，是我的不對。但是全因疎懶或事忙，決不是端架子。不過因個人的請託或無聊的的事來見的客，對不起，我實在不感興趣，而且也沒有這些冤枉時間。又如每天接著投効請任用的信，不知多少；對於這些信，究竟回不回，實在費了我不少的考慮。我想人家既發一信，當然有無窮的希望，每天等著回信。如不回信，難免令人失望。但是又想如有辦法而回信，人家自然喜歡，如果只是「相機設法」、「存記候用」等類敷衍的信，雖說「相機」，永遠無機，雖說「候用」，永遠不用，那不是仍叫人失望？如回信說沒有辦法，也一樣的令人失望。所以我便決定：有辦法，就回信；無辦法，對不住，只好不回了。人家要罵由他罵，且為公家省些紙張，且為我的秘書省些時間吧。

要寫的還很多，不必再寫下去了。總而言之，我自反的結果，覺得我做人固然有許多缺點，但是長處多於短處。做事固然也有些優點，但是短處多於長處。這便是我自己對自己的總評。

病後

這次一場大病，幾幾乎把性命都斷送了。現在還能偷生人間，真是奇蹟。不過這樣危險的情形，都是病後醫生告訴我的。我自己在當時，決不知道而且沒有感覺到嚴重到這個程度。

在我一生之中，這次是第三次害大病了。第一次彷彿是九歲的時候。那時我父親宦遊福建，我隨母親住在沅陵鄉下。當時究竟害的是甚麼病，不僅現在記不起來，就是當時也未見得能夠診斷的明白。鄉下，不單是沒有西醫的影子，就是中醫，也是鳳毛麟角。至於高明的醫生，更是打起火把也找不著。在鄉下糊裏糊塗請著不三不四的醫生醫治了一個多月，不單沒有起色，而且一天一天的沉重。於是用著轎子抬到城裏的親戚家中，去訪求名醫。當時所謂西醫，只有福音堂裏的一個洋人。誰相信這個外國鬼子呢？老實說，那位美國洋人，恐怕醫道也不見得高明。遠親中間，有一位姓張的拔貢，在

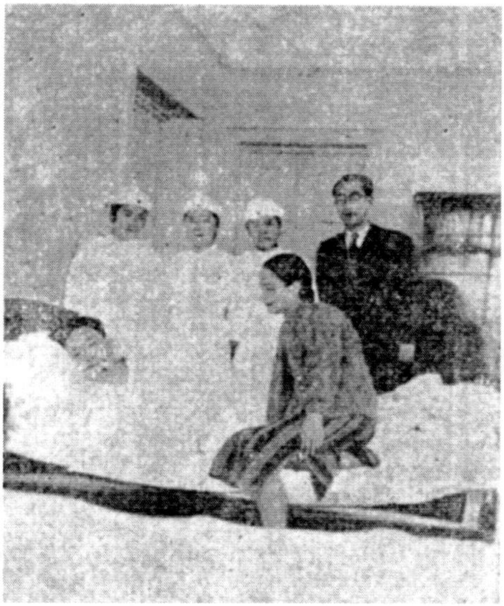

城裏設塾授徒，兼行醫道。他的醫道，微微有些名氣。於是就請他診視。大約也醫了一個多月，我這條小命，就被他救活了。我還記得我好了之後，父親還遠遠的由福建寄回許多東西，送他做謝禮。這位張先生的音容笑貌，我現在還很清楚的記得。這便是我有生以來的第一次大病。第二次是民國十七年十一月間。這個時候，我正辭去中央陸軍軍官學校政治部主任，到上海辦《新生命月刊》。有一天正在月刊社編閱稿件，忽然覺得頭重身熱。回到家中，就發了高度的熱度，不能不睡下了。當時就請留日同學顧壽白診視。他雖然是留東習醫的，而當時卻在商務印書館任編輯，並沒有開業。他診斷我是傷寒。傷寒，就是所謂腸窒扶斯，據說沒有特效藥可以醫治，全靠看護和養生。我們當時雖從雜居的卡德路祥福里的亭子間，搬到那時確實甚為「摩登」而有衞生設備的霞飛坊，獨家居住，生活比較舒適，但是經濟的力量，究竟不容許我雇用特別看護婦。一切看護之責，只好偏勞淑慧了。前前後後，也鬧了一個多月，纔慢慢有起色。這便是我有生以來的第二次大病。兩次大病，都不是專營醫業的醫生，而是儒而兼醫的先生所治癒，雖然是偶然，卻也是很湊巧了。

這次的大病，病根早伏在幾個月之前。自從去年十一月由日本回國之後，就覺胸前窒塞，呼吸困難，淑慧放心不下，請醫生把身體各部，用X光線一一檢查，據說都很正常而健康，不過心臟稍有擴大之勢，卻也不甚嚴重。但是以後氣喘胸塞，卻一天一天的嚴重起來，朋友們都要我休息，醫生不待說是勸得更厲害。但是我的身體，那裏是我自己的呢？我那裏有隨時休息的自由呢？要會的客，不能不會；要開的會，不能不開；要看的公事，不能不看；要說的話，不能不說；要嘔的氣，不能不嘔。其中最傷神的要算是說話和嘔氣了。在這種情形下，那裏可以任意休息？不過醫生還是請的，藥還是吃的。有些朋友說西醫好，有些說還是中醫見效。我是性急的人，西醫幾天醫不好，就換中醫；中醫幾天不見效，又換西醫。甚至中醫剛出門，西醫馬上就隨著進來了。有時上午服西藥，下午服中藥。這樣烏烟瘴氣的鬧了幾個月。好在飯也能吃，覺也能睡，事也能做，不過氣喘胸塞，血壓過高而已，所以沒有認為是怎樣嚴重的問題。

三月四號，忽然傷起風來，頭痛鼻塞，全身不適，五號更甚。但是決沒有因此停止工作。不僅照常做事，而且因為一件要緊的臨時發生的事，不能不到上海。當天夜車赴滬，在車上又受了涼。六七兩號，忙了兩天，七號晚咳嗽大作，數小時不停，直到深夜四時，纔漸漸睡著。預定八號下午飛京，所以早上九時仍舊出門到行辦事。不過咳嗽情形，較之前晚，稍為緩和。下午一時至機場，因為南京下雨不能飛行，遂改乘下午火車返京。返京以後，氣喘胸塞，雖然仍舊，而咳嗽卻已大減。因此不在意中，仍舊照常活動。三月十二日總理逝世紀念，前往謁陵。先一晚，我和公博約好，早點動身。因為上坡不易，如果人都來齊，行動不大方便。最好乘著還沒有人到的時候，我們可以緩步徐行。我七時即起，換上新國民服，驅車到陵園。不料公博早已上去。我慢慢的拾級而上，氣喘並不因之增加，也不覺得吃力。我暗中自慰道，「我的身體還算不壞」。祭陵之後，還要往祭革命烈士。下坡的時候，我和公博前行，後面隨著一大羣同志。大家步履極快，我們走在前面，也就欲慢而不可得了。於是如飛的跑下山坡，乘車赴靈谷寺。下車之後，在人羣的前面，又是如飛的跑去，全身出汗，加之冷風一吹，回家就覺得不能支持，於是只好睡下。湊巧那天是星期日，可以休息了一個下午。十三日晨起，咳嗽雖然時發時止，但是並沒加劇。上午先後赴財部和中儲，照常辦事。下午召開物資統制審議委員會。這個會，照例是要長時間的，常常下午三時開起，開到晚上七時以後。當天，我深怕不能支持，暗中打算如果中途實在不行，可以另請一位委員代我主席，我便可溜回休息。僥倖那天，只開了兩小時餘，就散會回家，但已精疲力竭了。回家不久，田尻公使打電話來，希望見面。我實在不能會客了，約定次日上午十一時，在中儲見面。我打算次日行政院會議完畢，到中儲去和他晤談。當天晚上，咳嗽加劇，幾乎終宵沒有睡著。次晨出席行政院會議時，四肢非常無力，宣讀議案，幾至不能成聲了。散會到中儲，與田尻公使談話，當然是勉強支撐。他看我精神不佳，只談半小時即行辭去。自從八號回京以後，朋友多說傷風咳嗽，中醫較佳，於是請了兩位中醫診治。中醫當然不用寒熱表量溫度，我自己也糊糊塗塗，沒有量過，而且決不相信會發熱。十四日下午我自己拿表來量，原來已有三十八度多。於是我自己知道真病了。心理作用真厲害！不知道有熱度的時候，還隨隨便便，沒有認真當做病去醫，知道有了熱度，立即覺得咳嗽加劇，病勢加重，不可再不認真醫治了。我本定十六日赴滬的，現在決定中止，並電話淑慧，立即來京。入晚，真的，咳嗽更厲害了，沒有停過三分鐘。急了，去請同仁會醫院院長土屋博士。我以前有病，都是他看的。這次因為是小的傷風咳嗽，不願意麻煩他這位頂忙的醫生。現在卻不能不請他了。湊巧那晚他不在家，又沒有留下去處，他家裏人也沒有法子去尋。當晚竟徹夜咳嗽，沒有止過。十五日上午，他來了。診視之後，不發一言，面有憂色。我問他一星期內，是否可癒。他輕描淡寫的說恐怕要多費些時間。下午再來看一次。當晚病勢好像愈益加重。聽說淑慧當晚夜車進京，次晨可到。次晨，我的神志有些不清了，彷彿淑慧來了，彷彿土屋又來診視。不久之後，彷彿床的四周，立著三四個穿黃色軍服的人，幾個穿白衣的看護婦，我覺得他們甚為忙亂。在我床上架了一個架子，要照X光線。照的時候，他們要我停止呼吸，我居然也會停止。好久之後，覺得有個身材高大的穿軍服的人對我說道：「請閣下安靜的睡著，不要亂動。看護婦留著伺候。」後來我纔知道土屋博士，看我病太沉重，一個人不敢作主，去和日本軍總司令部的軍醫部長商量。軍醫部長桃井中將，遂會同土屋博士帶了兩名軍醫官，兩個看護婦前來診治。後來又聽說他們曾經商量了半天，究竟入院還是在家。各有好處，也各有不便。最後他們遂決定在家，他們輪流每天上午，下午和晚上，來看三次，並留兩名看護婦服侍。以後因為兩人忙不過來，又添了一人。和我說話的那位身材高大的軍官，便是桃井中將。後來大家談起來，都以為這次的病，僥倖是發作在南京，如果發作在上海，恐怕要一命嗚呼了！因為在上海一定人多口雜，你說這個醫生好，他說那個醫生行。甲舉薦中醫，乙介紹西醫。病急亂求醫，亂服藥，那有不敗事的道理！

原來我這次的病是急性肺炎，兼之以心臟病，來勢很猛。桃井中將治了幾天，也不敢作主，遂報告日本大使館，電東京專請名醫來華診治。日本陸軍當局和大東亞省商量，遂請帝大教授，心臟病權威坂口博士，即日飛京。因為天氣的關係，兩三天不能飛，直到二十三日纔到京診治。僥倖這幾天之中，病勢已穩定，沒有加劇，熱度且稍下降。桃井和土屋，都是坂口的學生，所以醫生雖然有三個人，意見卻容易一致，決沒有某人堅持自己的主張，某人客氣，不發表意見的毛病。三人盡量發表意見，然後由坂口下結論。所以這次的大病，順利的治癒，這也是個原因。否則，各持己見，恐怕連藥方也不能開了。

看護得法，也是這次病癒的一個原因。三位看護婦，實在認真，實在負責，晝夜不息的輪流侍候。尤其是看護長中島女士，更是細心，更是親切。病劇的時候，她甚至於急得連飯都吃不下，病勢鬆動，她便喜形於色。不單是我個人，就是我一家，對她們都很感激。因為有了她們，家中自淑慧以下許多人，省下多多少少的事。她們一直看護到五月一號，纔告辭回院。

病勢嚴重的時候，當然絕對禁止見客，就是輕鬆以後，普通的人，仍不許見，公博等朋友來，也不過寥寥數語而已，到了四月二號以後，纔能於臥榻上與公博商量處決要事，三號以後，始准看報。

坂口博士，看見我已經脫了危險時期，四月五日，特來告辭，謂東京事忙，打算六號赴滬，七號飛回。他於診治最後一次後，告訴我說，這次不死，真是奇蹟。因為患肺炎的人，每分鐘呼吸到四十次以上，已經危險了，如到了五十次以上，必死無疑。而我有三天，竟到了六十二三次！現在肺炎雖已告癒，心臟仍不健全，所以他又告訴我許多病後養生的方法。他路過上海時，去看公博，說我這次得救，不是他們的力量，乃是我的運氣。他要公博轉告我，運氣只能有一回，希望我以後特別注意。這位六十多歲的老翁，為我飛來飛去，心裏真是不安。以後便一天一天的進步了。中間雖然病翻了兩次，惹得大家緊張了兩回，但是旋即平復。於是練習在床上起坐，練習下床行走，練習吃乾飯，精神一天好似一天。醫生以前每日來三次，四月一號以後，每日兩次，七號以後，每日便只來一次了。每次診治我右脅下面時，桃井和土屋，兩位都很認真，我心裏覺得很懷疑。直到四月二十三號，土屋纔告訴我右脅下，有肋膜炎的現象，以前不敢告訴我。直到二十日，纔聽不出肋膜炎的症兆。

看護婦打開紗窗，飛進來許多柳絮，忽然感到春已暮了。要看護婦扶到窗前一看，花園中已是錦草如茵，綠葉成蔭子滿枝的時候了。今年桃紅柳綠的良辰美景，我竟在病榻中銷磨過去，不能賞玩，真是辜負了大好春光。

朋友都來慶賀，都說大難不死，必有後福。其實，我這次不死，是幸或是不幸，還是問題。也許天不許我輕易的脫離苦海，要在苦海中，使我再受些磨折，再受些災難，纔讓我離此濁世，也未可知。也許天不許我壽終正寢，而必使我橫遭慘死，或死於非命，亦未可料。記得民國二十年或二十一年的時候，楊暢卿（永泰）和熊式輝奉召由滬飛贛，剛纔起飛，就失事墜地，兩人墮地重傷，醫了好幾月，纔能復原。我看見暢卿，也以大難不死，必有後福的話祝賀他。他以為這話靠不住，並告訴我他廣東鄉下的一件事。有一老翁，臨河家居，某晚山洪暴發，屋宇沖倒，某翁臥一床板上面，流了幾十里，被人救出。不到半年，晚上出外大解，失足跌入糞坑中，因而致死。某翁不死於清流，而死於糞坑，所以前次之不死，不能說是幸了。說這個故事的暢卿，以後在三省剿匪總部，雖也大權獨攬，煊赫一時，不能不說是後福，但是結果還是在漢口被人暗殺，飲彈而亡。我決不希望後福。在這戰火延及全世界的時候，誰也不要希望享福。而且在人民陷於水深火熱的時候，個人希望享福，仁者的用心，也不應如此。我當認為這次已經死了。今後的我，已經不是我的我了。所以今後更可以不顧成敗利鈍，不問毀譽得失，本著自己的信念，為國家效忠，為民族努力，以免負此殘生。

病後聊記這次的經過，以作將來的紀念。

五月二十六日

憶亡弟

提起筆來寫出「憶亡弟」三個字，我的眼淚，就不禁奪眶而出，雖然距亡弟佛生離開我而長逝的時候，已經有十三年了！

我平生只有一件抱恨終身的事。這件事是沒有法子可以彌補或救濟的。這便是我對於佛生，沒有盡到做哥哥的責任，沒有盡到教養栽成的義務，讓他成了惡社會的犧牲者，竟抑鬱不得志的賫恨以終！現在想起來，真是十二分對他不住。他現在墓木已拱，我無論如何追悔慚愧，於他有甚麼好處呢！

我兄弟姊妹三人。我最大，我的妹妹佛玲最小。佛生小我四歲。小的時候，三人是非常親愛的。我十二歲的時候，父親宦逝福建。那時佛生只有八歲。母親帶著三個孤兒，扶櫬渡海涉江，回到我們的沅陵。父親作官四十餘年，所遺只祖宅一所，薄田百餘畝。以這一點薄產，維持寡婦孤兒四人的生活，已經是不容易，要負擔我們兄弟兩人的學費，那就是難上加難。雖然那時的學費很低廉，但也不是容易籌措的。父親在世，我們還沒有到福建去的時候，家中設有家塾，請師傅到家裏教我們兄弟兩人，以後父親逝世，我們從福建回鄉之後，就沒有力量請師傅在家專教了。湊巧原來的師傅，在距我家六七里的一家富戶設塾，我們弟兄就搭在這私塾讀書。因為早去晚歸不便，率性搬去住宿。兄弟二人，帶一蒼頭，自做伙食。兄弟二人，第一次離開母親。雖然距家只有九里路，總覺得有出門遠行的感想。兄弟二人，形影相依，倍覺親愛。佛生以後長大成人，非常老實忠厚，但是小的時候，卻非常頑皮。可憐他既頑皮而不大肯用功，天分又沒有我高，所以以後就不叫他繼續求學了。記得小時除讀四書五經外，還學做對聯及做詩的課本。書名雖然記不起，但是最初幾句，現在還記得。好像是「雲對雨，雪對風，晚照對晴空，來鴻對去雁。三尺劍，六鈞弓，嶺北對江東。」又讀關於歷史的韻本，起頭是「天皇，地皇，人皇氏，名曰三皇居上世。」讀這些書時，我總比他熟得快，背誦的時候，沒有挨過一次罵。而他卻時常受先生的責打。我當時對他被責打而表示同情，一方面卻又怪他不肯用功。當辛亥革命後，我進城入了高等小學以後，想辦法把他也送入了初等小學。等到我進了中學，我們學費的負擔，便漸漸地重起來。母親常常叫人把家裏的米，挑到城裏賣。賣得錢，給我們做學費。以後賣米不夠開消，便開始當田賣地了。因為家境這樣困難，母親便決定我一人讀書，而要佛生學做生意。於是因為我的學業，遂犧牲了他的前程。過後想來，叫我如何能對他不抱歉呢！當時託人把他介紹到一個雜貨店去做學徒。不到十天，他便逃回鄉下，向母親大哭。因為我們雖然家境貧寒，但是究竟是宦家子弟。被人家稱呼少爺的人，一旦做了學徒，要受老闆的氣，受伙計的氣，受大學徒的氣，怎麼能忍受呢！母親一向慈祥和善，又因父親不在，對於我們兄弟，常素非常姑息。當然看見佛生受委屈逃回家中，想起父親在世的時候，真是天壤之別，也傷心起來，抱著大哭一場，並允許他不必再學生意，就在鄉下料理田地。我回家之後，知道這個情形，主張他仍舊回店裏去。我當時雖然年輕，也覺得家中田地不多，空守著沒有辦法。而且小時候受點磨折，也是應該的。將來能在商業上安身立命，也未嘗不是一條出路。因此，勸母親不要過於溺愛，勸佛生要忍耐，不要撒嬌。後來看著母親的傷心，佛生的可憐，我也不忍再要他回店了。

自從民國六年我赴日留學之後，就和他分別了。一直到民國十七年，我在國民革命軍總司令部主任的時候，奉養母親來南京，他隨著同來，這纔見面。這十年之中，我最初在外國忙著自己求學，當然沒有力量照顧他。回國以後，私則奔走衣食，公則隨著革命潮流，東飄西蕩，也沒有餘暇去照料他。他在十年之中，忽而就小差事，忽而和人同夥經商，時而在家閒住，時而出門營生，不知不覺中，已染上了嗜好，十七年我看見了他的時候，已經沒有少年的風采，而是形銷骨立了。我當時一面埋怨他不爭氣，一面責備我自己沒有盡到教護之責。當時勸他戒了嗜好，在政治部給了他一個上尉服務員的名義要他練習做事。他因為自小怕我，所以和我住在一處，他總覺得不自由和不方便。湊巧有位朋友到安徽南陵縣去做縣長，就把他帶去做事。兄弟分別了十餘年，在南京同住，不到一年，就再勞燕分飛了。十九年，母親要回鄉下去住，我派佛生護送回去，從此就永訣了。如果早知那次生離，就是死別，我也會留他在身邊，稍盡我做哥哥的責任。那知一別竟不能再見，使我抱恨終身，天耶？命耶？何殘酷如此耶？

二十一年九月，那時我在鎮江任江蘇省政府委員兼教育廳長，住在一個山頂上的弘仁醫院。現在記不清楚是九月那一天了，我正從山上步行下山，打算乘車回南京的時候，在路上忽接得一個電報，寥寥數字，就是「佛生病故」。看見這個電報，好像晴天霹靂一樣，使我神經，完全麻木，也不知道悲哀，呆若木鷄一樣。坐在火車裏，一直到了南京家中，纔倒在牀上，放聲大哭！後來纔知道我有個朋友，在常德做縣長，佛生去謀事。而這位朋友，似乎不大理會。他住在旅館中，並非嘔氣。又因為是熱天，染了痢疾。回到沅陵不久，就一瞑不視，與世長辭了。我當時除掉悲傷痛哭之外，還有甚麼辦法？最難過的，不獨對於死者悲傷，想起母親辛苦撫養我們兄妹三人成人，我是久離膝下，未能晨昏奉養，現在代我侍養的佛生，又永離膝下，只剩一個弱妹形影相伴，老人的傷心，可想而知！

佛生自小不知何故，非常怕我，前面曾經提過，不過他對於我，是常盡悌道的。有兩件小事，至今令我不能忘記。第一件事，證明我雖不責罵他，而他卻很怕我。我們家後是高山峻嶺，茂林修樹。山上野獸甚多，鄉下人於農閒的時候，常去圍獵。佛生自小頑皮，愛弄鳥槍。我常警告他，不要一不小心，傷了自己。記得有天早晨，天尚未亮，我忽為窗前步聲所驚醒。原來是佛生肩著鳥鎗，率兩個農夫去打獵。他們背後叫我「海和尚」，我不知道是甚麼緣故。當時聽見他對農夫道：「輕聲一點，不要給海和尚知道，又要罵人。」這一句話，恰巧被我聽見。他既然這樣怕我，我只好當做沒有聽見了。難道我真有這樣不怒而威的本事嗎？第二件事證明他對我是很親愛的。某一個春天，正是桃紅柳綠，山花亂開的時候，我和他到田畝去，看我們的農夫在田裏工作。我自小是愛吃酒的。我對他表示，對此美景，如果有一壺酒來喝一喝，一定是非常痛快。他不聲不響，馬上跑到鄰村，借一把壺，買了一壺酒來。兩人便在田畝上喝起來了。這個印象，深深的印在我腦海中，終身不能忘記。現在回想起來，就覺置身平疇綠野之中，與幼弟歡談暢飲。此情此景，今生不可復得矣。

夜雨打窗，孤燈照影，寫到此處，不禁肝腸寸斷！不知道何年何月，纔能憑弔亡弟孤墳，灑一掬傷心之淚呀！

附錄

附錄一

我與佛海

周楊淑慧

我和佛海，結婚二十四年了，我的習慣，他的脾氣，到現在，也都和二十多年以前沒有一點不同。我還是二十多年前學生時代的我，而佛海呢，也永不更改他的「三不」個性，即不修邊幅，不事生產，不好應酬。脫不了書生本色。

說起他的不修邊幅，就使我想著一九一九年，我們在王會悟女士家裏初次見面的情形。那時恰好暑假開始，王女士是我的同學，有一天她硬要我到她的新居玩去，她的丈夫李達，便請我們吃西瓜，因為西瓜剛上市。當我們正在吃瓜的時候，佛海便進來了，高個子，頭髮亂蓬蓬的，一套山東府綢裝的白西裝，背上已染成枯草般顏色，髒得不成樣子。他的態度很隨便，王女士把我向他介紹，他祇隨便點點頭，逕同李達談起天來了。他與李達是同學，他們一面吃瓜，一面談得很起勁。

假如世界上真有所謂「一見傾心」的話，那麼，我與佛海也許可以說正是屬於此類或準此類的了。我是一個湖南女孩子，從小祖父鍾愛，無微不至，他老人家親自教我讀書，還不時對我父親誇獎說：「楊氏門中能夠有些成就的，恐怕還是這個女孩子吧！」那時我是孩子家心眼，以為祖父的話準沒有錯兒，因此便自負得了不得，把什麼人都不放在我的眼裏。後來舉家住在上海，我進啟明女中讀書，那時年紀輕，成績也勉強可以過去，平常同我父親說，將來結婚，人須經我自己選擇，有了之後便帶回家來，請他過目，才正式決定。那時我的思想很新，志氣很高，但行動卻拘謹守禮。

我與佛海面對面坐在一起，他不說話，我也不說話，因為實在大家也並沒有什麼話可說。他的態度很隨便，但隨便之中仍不失溫文瀟灑，決沒有絲毫粗魯不懂禮的樣子。他的衣服雖然髒，頭髮雖然亂，但在又髒又亂的衣服頭髮之外，卻有一張英俊挺秀的臉孔，神采奕奕，令人尚不發生惡感。

吃完了瓜，李達和王會悟，便慫恿佛海伴送我回家，那時我的家是住在卡德路祥富里一百零六號。一路上彼此還是默默無言，走著，走著，我不時垂頭看自己的腳跨步子，他不時回轉頭去看街道一旁的舖子，也許是在瞧行人，好容易到了我家門口，我客氣地邀他進去坐一會，他客氣地推謝了，說是下次再來吧，我也不再留。

從此我們又見面了幾次，他送我幾本自己著譯的書籍，如《社會問題概觀》等，我帶回家去讀了一遍又一遍。他的文字很鋒利，能感動人，初不料見到他本人，卻是那樣沉默寡言。

漸漸的我知道了他的歷史，他是個共產黨員，在湖南他曾經娶過妻子，後來離婚了，剩下一個女兒。其他還有他的母親，他的弟弟妹妹，家境清苦異常。於是我想起自己往往對父親所作的諾言，那便是介紹佛海，請他過目。我的父親在總商會做事，我把佛海帶到總商會去，父親剛巧出來了，正待跨上車子，我把佛海向他介紹，他點點頭，問了幾句話，便自上車匆匆走了。

佛海在湖南勾留半月，再回到上海，已是初秋時分了。秋的況味是淒涼冷落的，但是我們的感情，卻日趨堅固而且熱烈。於是一天下午，在法國公園裏，他向我正式提起婚事。那可以說出於我意外，但也可以說正是我意中的事，我知道他這話是總有一天會向我說的，卻不料這一天正是今天啊！他請我考慮，其實我早已經考慮過千萬遍了，每遍考慮的結果都是個「好」字，但我卻沒有勇氣說出來，尤其是此刻，尤其在這個公園裏。我的心裏雖然卜卜跳動著伴奏無數遍「好」字，但是我的嘴唇卻顫動著發不出聲音來，最後我輕輕對他說：「問我的爸爸去吧！」

於是他便寫了封信給我爸爸。父親也給了他一封覆信，那便是允許我們訂婚，在陰曆八月十六日——中秋月明的時候。

一陣秋的涼爽之氣沁入了我的心胸，我漸漸清醒過來，想到自己的責任。我是一個個性倔強，事事好勝的女人，吃苦我不怕，祇怕失面子。從前我常有一種想頭，以為自己決不會遇到真正合意的人；但假如一旦遇到他了，我便自信能使他幸福一生。我愛佛海，我不願妨害他的學問與事業；他要讀書，他有工作，訂婚之後他應該馬上回日本去，我就留在這兒，再等半年，等到公費有著，才同出國與他聚首。

訂婚的日期一天近似一天了，而他出國的日期也一天天近了起來，我不知道自己心中應該說是苦呢還是快樂？但不料在此苦樂之間又有一件出乎意外的事情發生了，那便是在《時事新報》上忽然登出一個新聞，說是周某人行為不檢，家有髮妻，此次又將騙娶某女學生云云。我當初不該不把佛海曾娶妻離婚一節早告訴父親，父親驟聞之下，不勝震怒；便把訂婚的事取消，那時請帖都要發出了。我雖然竭力解釋，但父親不肯相信，還把我關禁起來。在關禁後的第三日，我從窗口跳出來，潛自逃去找尋佛海，那時佛海正寄寓在環龍路漁陽里二號陳獨秀先生的家裏。

陳先生當然是同情我的，陳太太高君曼女士也同情我，倍加愛護。後來父親聞訊趕來，堅要我歸去，我為表示決心起見，便把辮子一刀剪下，所以現在說起來，我還算是剪髮的先進呢！父親拚不過我，祇得聲言放棄我了，我也自誓非使佛海有所成就回來，無顏再見楊家的人，我們決定同去日本——那時我祇有十九歲，佛海是二十三歲。

於是我放棄了學業，離開了家庭，沒有公費，沒有其他任何收入，祇靠著朋友們一起幫助，跟著佛海冒險到異國去。我知道那邊一切的人都是陌生的，一切的事都是陌生的，一切風俗習慣，言語文字，交際禮節，起居飲食都與我陌生不相熟，但我祇要有一個佛海在我的身邊，就是到天涯海角也不怕，就是刀山劍樹也不恐懼呀！

我們終於動身了，我所帶的東西就祇有一個舖蓋，一隻網籃，同衣箱兩口，那是母親在我們動身的前夜偷偷地給我送來的，在那些東西上，她灑了不少的淚。我祇覺得心裏一陣陣扭緊又扭緊，苦樂擠在一處再也分辨不出來，睜大了眼睛，我拚命忍住淚，上船往長崎去了。

過去的事，本來不願公開，因為編者再三勸說，每日催促，而且指定題目，不便堅拒，只好簡單寫出。

附錄二

在日本的小家庭生活

周楊淑慧

到了日本，我們就在鹿兒島住下。但是我們並不就同居，我在有馬家裏租一間房間，佛海則與他的同學們住在一起，與我隔一重山。我在有馬家裏租房間，說明是不舉炊的，因此每趟吃飯就得爬山過去找佛海，跟他們一起到外面館子裏吃。那時佛海正在七高讀書，每月公費祇有五十三元，兩人合著用，真是困苦得很。

於是他的同學們都來勸我與他同居了，理由很簡單，便是同居以後，我可以不必另外在有馬家裏租房間，每月可以省下十五元錢。我也覺得每天三趟爬山來往吃飯的事情很麻煩，但不知怎的，心裏總有些忐忑，遲遲說不出話來。他們見我不說話，以為我在猶豫不經過結婚手續不妥當了，但是佛海又拿不出錢來作舉行婚禮之用，於是他們都向我保證，說是佛海將來決不會負我云云。他們共有許多人，許多嘴夾七搭八的反覆說著這類話，許多眼睛一齊焦急地望著我，唯恐我不肯信任佛海，不肯答應這個同居的要求，我笑了！我愛佛海，祇要能夠幫助他省下一元錢，減輕他一分負擔，我便什麼都願意做，同居就同居，又何況有這許多人在替他請求呢？

終於在民國十年一月一日那天，他們這二十多個同學請我與佛海吃頓飯以後，我們便同居了。我說不出當時自己的心情是怎樣，一個十八九歲的女孩子，拋離父母，別開本鄉，遠在異國與一個青年學生同居，什麼事情都做不來，言語又不通，陌生新奇的感覺幾乎無時無刻不在我的心裏發生，但是我想起佛海，我的勇氣便增加起來，我相信祇要做到一件事，眼前的陌生東西便會變成熟習，新奇總要漸歸於平淡的，那便是學習日語。

於是我拚命學習日語，過了三月，佛海在七高畢業了，考進京都帝大，我們便在京都找到房子，住在一個叫做牧田的老太太家裏。牧田老太太待我很好，常常教給我關於日本的一切，隔壁還住著龍守賢先生與他的太太，龍太太與我熟悉了以後，便常過來教我燒小菜，我們平日都叫她龍三嫂，他們是四川人，因此教我燒的也就是四川菜，現在我家裏吃的小菜還不離四川風味，就是因為我當初學會川菜，而且愛吃的緣故。

我的為人是坦白而率真，脾氣雖不好，但人家都肯原諒我。自從與佛海同居以後，佛海的朋友都變成了我的朋友，朋友的太太們也都樂於與我親近，我與她們常常玩在一塊。我不會理家務，她們一件件教給我；有時打夥兒上街去，她們不會講日語，我就替她們當翻譯。有時候我同佛海鬧起來了，她們（或他們）便來勸解，還替我們做公正人，判斷誰是誰非。我們幾十個人每天來來往往像兄弟姊妹一般，這些日子過得真有趣。

佛海進了帝大，公費有七十五元一月了，但是我們用著仍嫌不夠。課餘之暇，他拚命寫文章，寄回國來，在《東方雜誌》、《新青年》等刊物上發表，他寫文章常常在夜裏，我把一切都收拾好了，坐在他的旁邊伴著他，一面做針線。兩個人誰都不開口講話，我祇聽見他的筆尖在紙上疾爬聲音。

他的文章寫完了，我便替他裝訂稿紙。瞧著一疊厚厚的稿紙，撒滿了無數個整齊的字，我暗想這是佛海的心血，彷彿比我自己的心血還可寶貴，我小心地把它們裝訂起來，要整齊，又要美觀。我常把各色的線拿出來試比，看那一種顏色頂漂亮；有時候書已經訂好了，我瞧著不滿意，還要把它拆開來換條線重訂。佛海對於這點似乎很馬虎，他以為祇要文章寫得好，稿紙訂得整齊美觀與否可是無關宏旨的。可是他也不忍打斷我的熱忱的工作，當我在忙著選線的顏色的時候，他在旁邊思索剛才寫過的文章，忽然想到裏面文句有不妥時，他便把稿紙劈手奪過去重改，一陣亂翻，把我費許多功夫疊齊的東西又翻亂了，我目瞪口呆地瞧著他，手中還持著漂亮顏色的線沒處安放。

訂好了原稿，我開始替他數字了。我告訴他說：這篇文章有幾萬個字，回頭稿費寄來，我可以還米店伙食店的欠賬了。他說，還賬也要緊，不過假如錢再有多下來，他希望能夠買幾本書，看一場電影。

稿子寄出去後，他又計畫著寫另一篇文章了，但我卻常常側耳聽著，有時候若有所聞，便直跳起來，飛跑出去開門，那知開了門再不見人，卻又失望地回進房裏，佛海便埋怨我不該打斷了他的思索，我自己也覺得可笑，剛才彷彿聽見的聲音是「カキトメ」，即日本話「掛號信」的意思，我以為稿費寄到了。

但是很失望的，我們收到的稿費並不如我們所預料之多。佛海賣文章是三元錢一千字，我沒有數錯字數，更沒有算錯元數，大概是雜誌社中算稿費的人喜歡把零頭拉掉，比方說你是三萬二千四百餘字吧，他祇替你算三萬二千字，再不客氣一些就給你算整數三萬字；至於算錢的時候呢，對不起再給你拉掉一次零頭，便是九十六元錢作九十元算了。於是我們所拿到的稿費，不但沒有餘下來可以買書看電影的，有時連付米店伙食店還不夠，佛海很失望，我說，你儘管拿幾元去買書看電影吧，伙食賬還可以欠幾時。但實際上，我是設法到別處借了錢來還伙食賬的。

佛海邀我同去看電影，我說我頭痛，不要看。因為佛海一個人去可以站在樓下看，冒充日本人，祇花五角錢好了，與我同看則必須坐在樓上，一元錢一張票，兩人須用二元錢，比他一個人看要多花一元五角，這筆款子足夠我們吃三天的小菜了，所以我不願去。

我們每天祇買五角錢的小菜；三角錢買條魚，五分錢豆腐，餘下的一角五分，便再買些青菜什麼的，吃飯的時候，我完全學日本人樣子，讓佛海先吃。有時佛海見我坐在一旁替他盛飯加湯，心中不忍，叫我同吃，我總推說飽得很，此刻吃不下，要過一會兒再吃。我吃的全是青菜豆腐之類，佛海吃剩的魚，我捨不得吃掉，要替他留到晚膳時。

有一次，我在廚房劈柴，佛海進來了，心想我可憐，說是希望能多賺些錢，免得叫我如此吃苦。我恐怕他祇想賺錢就不肯用心到學問上去了，就放下劈柴刀來正色對他說：「請你不用替我想，我是能夠吃苦的。祇是你肯用功，我相信我決不會一世作竈下婢。」他聽了一聲不響，便自跑進房裏看書去了。

佛海家裏很貧困，他在十二歲時候便失去了父親，長大時心中常以為恨，有時候他偶然不肯用功了，我就把他父親的照片放在他的面前，他看了一眼照片，又瞧了我一眼，便默默無言的開始寫他的文章或看他的書了。

在同年十月二十日下午二點半，我養下了我的兒子幼海。不久的光景，郭心崧先生來看我們了。我勉強支持著自己起來去燒兩隻荷包蛋給他吃，一面拎水洗鍋，右手覺得酸痛，再也動彈不得，歇了一會，衹好用左手來持鑊炒蛋。郭先生去了，我同佛海說起此事，佛海著了慌，說晚飯時你千萬不要再起來了，我燒給你吃吧，但是白菜又鹹又燒焦了，我們笑了一會，以後仍是由我起牀自己去煮的。

有了幼海，我便更辛苦了。有一次他患傷風，夜裏要啼哭，我便全夜不睡，抱著他在房中行走，生怕吵醒了佛海，明天累得他不能看書做事。幼海生得不難看，也許天下的母親看起自己的兒女來都不會覺得他們（或她們）難看的，我在餵奶的時候很小心，恐怕抱得太緊了，會壓扁他的鼻子。

自從我們到日本以後，我的父親便與我們不通訊問。及至養下了幼海，我便常常想起父母，有時甚至流淚。佛海見我如此，便不願再倔強下去，暗中寄封信給我父親，但寄出後卻仍舊不肯告訴我。有一天，我在抱著幼海做事，他滿面興沖沖的樣子跑進來了，我也笑著相迎，問他可是領到了稿費，他倏地從袋裏抽出封信來，交給我說：「喏，你瞧！」一面把幼海從我的手中抱了過去，我拆開信來一看，原來是父親的筆跡，上面寫著：「淑慧兒覽：兒既為人妻，又為人母，望兒相夫成名，教子成人……」一股熱淚從眼中直流下來，字跡漸漸變成模糊，我再也看不下去了。

及至暑假開始，我們兩個才帶著幼海同回青島去省視他老人家，當時父母子女，女婿外孫聚首時的快樂，再也形容不出來，還有一件幸運的事，便是剛巧其時日本發生大地震，我們沒有遭殃，也使他老人家額手稱慶不置。

於是我們便把幼海寄養在外婆家，夫婦兩個重回日本，直到佛海讀畢業為止。

附錄三

記周佛海先生

左筆

在舊曆新年久陰乍晴的一天，記者承「古今社」朱社長的介紹，特往拜謁大名鼎鼎的「和平運動總參謀長」[1]周佛海先生。

愚園路中一所半新半舊的洋房，前面包圍著一片小小的草地，那便是周先生的寓宅。記者投片之後，就在樓下的小客廳裏恭候。客廳的四壁懸著　汪精衛先生的字和齊白石老人的畫，鐵劃銀鈎，令人神往。廳裏略具椅桌數事，簡單整潔，幽靜異常。當記者正在鑒賞一切凝神靜思之時，不知不覺的忽然周先生已跑進客廳裏來了。

[1] 日本報紙及雜誌上對於周氏俱作是稱。

一位體格壯偉英氣逼人的周先生，與記者往日腦筋裏所幻想的年齡很大而道貌岸然的周先生截然不同！周先生的大名至少我已欽仰了二十餘年之久，遠在新文化運動時代，記者就已在國內諸大雜誌拜讀他的大著，怎麼今日一見，依然丰姿翩翩還是一個青年鬥士呢？

寒暄之後，周先生即一見如故的與記者暢談一切。懇切的態度，爽利的談鋒，在短短的十幾分鐘之內，已將他的豪爽痛快的個性，充分地流露出來了。

據周先生自述，他生平唯一的個性，就是心裏有什麼事嘴裏就說什麼話。他不曉得什麼叫做「謀」，更不曉得什麼叫做「術」。此外他還有「三不」個性：即（一）不修邊幅，（二）不事生產，（三）不好應酬。他說他最怕剃頭，不受逼迫是決不肯自動理髮的，所以常常要兩三個月才理髮一次。一件衣服穿上身後就永遠的穿著，不是他的夫人要他換，他決不會換的。他自己不曉得寒暖，不知道飢飽，每天的飲食起居全是由他的夫人當心照料的。所以每逢他與他的夫人不在一起的期間，他常常要患傷風及胃病。（記者按：這一點頗有餘杭章太炎氏之作風！）

對於金錢他是素來不很重視的，雖則他的幼年和少年時代都是從極困苦的環境中度來。正因如此，所以他現在收入的大部分盡用之於救濟困難的朋友和不宣佈的慈善事業。他說這樣的用錢在精神上是極感愉快的。

他在南京是應酬最少的一個人。不是因為萬不得已，他決不請客；也不是因為萬不得已，人家請他，他決不到。人家知道他的脾氣，以後索性不請他了。所以他晚上是非常清閒的，時以瀏覽書報為消遣。有一天，德國公使飛歇爾氏請他吃飯，問他道：「每次公開宴會中，何以都不看見你？」他說：「我今晚承你招待，來和你談談，在我是算很特別的。」湊巧第二天有個公開的宴會，德使說：「那麼明天的宴會，恐怕又看不到你下？」他說：「被你猜著了！」說罷兩人大笑。

周先生對於事業方面所感興趣的是政治訓練工作與文化宣傳工作。所以，在國民革命軍北伐的時期，他做黃埔軍官學校武漢分校的祕書長兼政治部主任。（時蔣中正氏任校長，鄧演達氏任代理校長，張治中氏任教育長。）民國十八年至二十年間，他做國民革命軍總司令部政治部主任兼訓練總監部政治訓練處長。民國二十五年至二十六年，他做中央黨部民眾訓諫部長。「八一三」事變後，他先在南京做大本營第二部副部長，（按大本營大元帥為蔣中正氏，第二部所司者為「政略」，部長為熊式輝氏，此係戰時體制，始終未經宣佈者。）繼在武漢做中央黨部宣傳部長，直至和平運動開始時為止。他說他生平所最怕做者有兩件事：一是外交，一是財政，因他的個性如上所述，既不長謀術又不事生產也。可是當和平運動開始的時候，他就是第一個辦外交的人；國府還都後，他又就第一任的財政部長和第一任的中央儲備銀行總裁，可謂怪極。他又說他最不感興趣的亦有兩件事：一為教育，一為警察。當昔年初到日本留學的時候，有人勸他考高等師範，他不願意，又有人以為日本的警察辦得好，勸他學警察，他也不願意。可是後來在「八一三」事變前他在江蘇做了六年的教育廳長，國府還都後又兼任第一任的警政部長，亦可謂怪事。周先生說到這裏時，喟然長嘆曰：「天下事的離奇變化，真出人意外！」

後來談到個人的嗜好，他說最愛讀杜詩，看電影和遊歷名山大川。可是現在因環境和地位的關係，不能出去看電影和遊覽，至以為憾。談到此時，記者偶然聽得隔壁悠揚的琴聲，一經打聽，原來是他的女公子在練習鋼琴。提起這一件事，周先生說最近有一個極為幽默的笑話。原來周女士請一個俄國女人教彈鋼琴，有一天那個俄國女人問周女士的父親是何人，周女士隨手以一張中央儲備銀行鈔票上周氏的簽名示之，那個俄國女人失聲大呼曰：

"Oh, you have a good father!"

周女士立即以極流暢的英語答覆道：

"If he were a begger, then I shall have a bad father!"

在彼此哈哈大笑聲中，記者遂起身告辭，歸來後腦筋裏留下一個不可磨滅的愉快而興奮的印象。

附錄四

訪周佛海先生一夕談

書生

一個偶然的機會，走謁周佛海先生於其寓邸，與座者皆為文化界人物，「古今社」朱社長樸之，亦是日座客也。暢聆偉論，印象良深，因就記憶所得，拉雜書之，工拙非敢所計，記實而已。——作者謹識。

讀了《古今》半月刊第九期周佛海先生的〈自反錄〉，便對於這位人物發生濃厚的興趣。自來的政治人物，總好比廬山的面目，不肯以真相示人；而周先生卻這樣的率真，坦白地解剖自己。這種獨特的風格，即在西方政治家中，也很難求得的。

周先生在我這樣身份——即以一個年青的新聞記者自居吧——的人，決不是個生疏的人物，遠在國民革命時代，與我同樣年齡的人，都已心目中有這樣一位人物的名字了，那便是周先生不朽的巨著——《三民主義之理論的體系》一本書，凡是解釋三民主義的書，恐怕再不能好過這一本，讀過的人總是眾口一詞的。

周先生的演講，也是使人諦聽不厭的，他在江蘇教育廳長任內的公開講演，每次我必前往聆聽，只是不能有機會和他交談，並一覘他燕居時的風度，至今還引以為憾事。

這一次居然因偶然的機會，承約到他的寓邸去談談，我便欣然命駕，不肯失卻這次寶貴的機會了。

周先生是現任的財政部長兼中央儲備銀行的總裁，一般的想像，以為他的起居生活，一定是富麗無比的了。但我所投刺晉謁的地方，卻是一幢半舊的洋房，門前一片小小的草地，會客的客廳裏，也是佈置得樸素無華，乍然一見，只當是置身上海中等人家的住宅而已：萬想不到主人翁卻是一位掌理國家度支的人物。因此使我想起《古今》創刊號中左筆先生一文，說到周先生自述的「三不」個性：「一不修邊幅，二不事生產，三不好應酬。」誠非為虛語。近代中國官吏之起居生活，鮮有不窮奢極侈者，尤以留學歐美回來的學生為最甚，像周先生這種以身作則的作風，實在是令人欽佩無已的。

有六七年不見周先生，似乎覺得他身軀高大了一些，衣服還是那麼隨便，一襲縕袍，不脫書生本色，眉目間英銳之氣逼人，覺得包蘊著無限的豐沛精力。周先生的大名，雖已傳誦於人之口者二十餘年，但是他依舊是一個年青的戰士，一些不露出蒼老的形態來。

這時在座會見的人，連我已是五人了，都是文化界的人物。所以周先生一見，寒暄之餘，立刻把談鋒轉到文化上。周先生認文化為一個國家一個民族最主要的命脈，國家或民族若沒有自己的文化，雖具備了其他的條件，於立國還是無助；反之，只要有文化的保存，則雖一時受著艱難，總有復興之一日。因此，在建國的現階段，什麼問題都無過於文化的保存和復興，大家不能捨本逐末而忽略這個問題。

周先生雖然不是政府的文化部分的主管長官，但京滬各大報除了官辦的《中華日報》外，他是《國民新聞》、《新中國報》、《平報》和《中報》的董事長，所以他對文化界之關切，是非常顯著的。他對於時下的出版物，差不多都曾加以寓目，而且每一種都加以切當的批評。他認為從前和平運動時期那種刊物已經過去了，而那種刊物成績之所以不大好之故，乃在於主辦者未能專心從事，以後的出版物當然要實事求是，放棄這一種作風，而於從事復蘇文化著眼。現在的出版界，已很明顯的趨向這一條道路了。言下表示不勝其關切的樣子。

目下出版物風起雲湧的現象，周先生認為是極好的。開這個風氣的，《古今》月刊的於今春創刊，無疑的可推為第一炮。這時在座的該社社長朱樸之先生立刻表示謙遜之意，並謂《古今》之所以能尚有成績者，乃是全由私人辦理，故能以最少的資力，而發揮最大的人力。若一經官辦，便很難弄得好了。

周先生對於《古今》的批評，以為「古」的太多，而「今」的太少，應該加些翻譯文章進去，使《古今》得以名副其實。這一批評是很對的，我的觀點也和周先生相同，但據樸之先生的解釋，認為加入譯文，要破壞《古今》已成的風格，不如由古今社另行刊行一種刊物，專談東西方生活文化的，周先生也覺得很以為然。

周先生所密切關心的，不獨是和平區內文化的情況，對於各種有關文化的情事垂詢得很詳細，而且還十分關切著遼遠的人們。周先生說，他在民國廿七年任中央黨部宣傳部長的時候，與文化關係密切的紙張，在內地已很見困難。現在過了三年，不知道他們用什麼東西來印刷報紙刊物，言下不勝其感慨的樣子。兵兇戰禍，真是文化的最大的敵人。

周先生現在雖然不是文化機關的主管長官，而是幹著他自認為不合興趣的財務工作，但始終不曾放下筆桿。所以一談起出版和宣傳的事業，他馬上回復當年文化戰士的姿態，全神貫注的暢論著。凡是他所指摘的和揄揚的，無不一針見血，全是內行人的見地。周先生戰前曾主持過「新生命書店」，出版轟動一時的《新生命月刊》，戰後又主持「藝文研究社」，出版了很多種富有價值的「藝文叢書」，到現在還留下無上的成績。

座客中有一位，認為雜誌報紙出版的眾多而單行本刊行的消沉，乃是矛盾的現象，現在書籍的出版，簡直可以說是零，大眾所靠的精神食糧，只是把存書和舊書來充數，這樣下去，將來必有無書可讀之一日。而平時為出版事業大本營的幾家書店，又都經濟斷絕，處此印刷材料高漲之日，無力印書，長此以往，實在是令人寒心的事。

周先生就說扶助文化，獎勵出版，本是政府應有的責任，假如出版界有什麼困難的話，儘可向政府商請援助。為我們下一代著想，一定不能使文化界萎枯下去的。

談到這個時候，已費去周先生不少的時間，這天雖是星期日，但周先生還是有許多要務待理，我們只得起身告辭。在歸途中，覺得此行真是不虛，周先生是湖南人，一夕之談，很令我領略湖南人的豪邁風度，絕似置身老湘營中，與曾左諸賢晤談。記得民初有一位先生曾這樣說過：「有湖南人在，中國是不會亡的。」我在今日承認這一句話。

附錄五

《往矣集》第十二版跋

周黎庵

《往矣集》是一本傳記體的散文，但這樣體裁的傳記，在出版物中很難找到前例。在作者只是想到幾個題目，隨意揮灑的寫成幾篇文章，然無意中卻把他半生的經歷都寫了出來，既沒有體裁的拘束，又不似寫自傳的人一本正經意在傳之後世，所以下筆時的自由和筆調之親切，實駕一切傳記文字之上。世間有許多成功的作品，往往有從無意中得之者，本書正是一個好例。

本書的編輯，並不依發表先後的次序，而是依事實時代的先後，所以〈自反錄〉一篇，發表之早僅次於〈苦學記〉，卻放在最後。又為了要補充作者留學及家庭生活起見，特選周楊淑慧夫人之作兩篇，作為附錄。（尚有附錄三篇，因無關本書內容，為節省篇幅起見，在這次再版時刪去了。）

本書在卅二年一月初版，兩年之中，印行十一版三萬冊，銷行不可謂不廣。但實際的銷路一定還不止此，第一是發賣區域，不出蘇浙皖三省，平津漢皋僅有極少數的直接購買者。第二是古今出版社，規模甚小，既不敢大量印刷，又不能不顧到成本，所以定價並不較一般書籍為廉，其中一定有許多讀者嫌定價太貴而無力購致的。但正因其如此，而仍能有廣大的讀者，更可以見得本書的真價值了。

在過去兩年中，時常接到本書讀者的來信，要求轉致作者的，月必四五起，內容大致差不多，於敘述讀了本書的感想後，更向作者暢訴他個人的痛苦，大都是關於貪官污吏的剝削和物價高漲民生疾苦等等，希望作者能設法予以救濟。最初我們也依來信要求而轉致作者，後來也就不勝其繁了。作者是政府中樞負責者之一，為政當持大體，不能察察為明的來一一加以答覆，但讀者的來信都是可以感謝的。時至今日，民生之疾苦極矣，身受水深火熱之痛而無一人可以申訴。作者周先生，在平日並不唱高調喊口號，而卻仍作為人民呼籲之門者，以其於作者的生活最為親切，於其為人最為了解，一如己之親戚朋友；親戚朋友，豈必欲其唱高調喊口號者，始可與言疾病痛苦乎？所以作者之成為今日中國的大眾人物，決不是偶然得到的。

《古今》半月刊休刊以後，本書也隨之停止再版，讀者之探詢與函購者，數月來迄未見斷。當此紙貴兼金之日，印書的成本實在太鉅，非力所能勝，但又不忍過拂讀者的盛意，因此特和上海《平報》社社長金雄白先生商量，將本書改由《平報》社出版，幸蒙雄白先生慨然同意，本書之得再度印行，實在是一件幸事，謹在此告慰讀者，並向金先生及《平報》社同仁致謹摯的謝意。

PC0358　讀歷史41

往矣集
——周佛海回憶錄

原　　著 / 周佛海
編　　者 / 蔡登山
責任編輯 / 鄭伊庭
圖文排版 / 陳彥廷
封面設計 / 秦禎翊

發 行 人 / 宋政坤
法律顧問 / 毛國樑　律師
出版發行 / 秀威資訊科技股份有限公司
114台北市內湖區瑞光路76巷65號1樓
電話：+886-2-2796-3638　傳真：+886-2-2796-1377
http://www.showwe.com.tw
劃撥帳號 / 19563868　戶名：秀威資訊科技股份有限公司
讀者服務信箱：service@showwe.com.tw
展售門市 / 國家書店（松江門市）
104台北市中山區松江路209號1樓
電話：+886-2-2518-0207　傳真：+886-2-2518-0778
網路訂購 / 秀威網路書店：http://www.bodbooks.com.tw
國家網路書店：http://www.govbooks.com.tw

2013年11月　BOD一版
定價：240元
版權所有　翻印必究
本書如有缺頁、破損或裝訂錯誤，請寄回更換

Copyright©2013 by Showwe Information Co., Ltd.
Printed in Taiwan
All Rights Reserved

國家圖書館出版品預行編目

往矣集：周佛海回憶錄 / 周佛海原著；蔡登山編. -- 一版. -- 臺北市：秀威資訊科技, 2013.11
面； 公分. -- (史地傳記類；PC0358)(讀歷史；41)
BOD版
ISBN 978-986-326-204-6(平裝)

1. 周佛海 2. 回憶錄

782.887 102021619

讀者回函卡

感謝您購買本書，為提升服務品質，請填妥以下資料，將讀者回函卡直接寄回或傳真本公司，收到您的寶貴意見後，我們會收藏記錄及檢討，謝謝！
如您需要了解本公司最新出版書目、購書優惠或企劃活動，歡迎您上網查詢或下載相關資料：http:// www.showwe.com.tw

您購買的書名：________________________________

出生日期：________年________月________日

學歷：□高中（含）以下　□大專　□研究所（含）以上

職業：□製造業　□金融業　□資訊業　□軍警　□傳播業　□自由業
　　□服務業　□公務員　□教職　□學生　□家管　□其它_____

購書地點：□網路書店　□實體書店　□書展　□郵購　□贈閱　□其他

您從何得知本書的消息？

□網路書店　□實體書店　□網路搜尋　□電子報　□書訊　□雜誌
□傳播媒體　□親友推薦　□網站推薦　□部落格　□其他__________

您對本書的評價：（請填代號　1.非常滿意　2.滿意　3.尚可　4.再改進）

封面設計____　版面編排____　內容____　文／譯筆____　價格____

讀完書後您覺得：

□很有收穫　□有收穫　□收穫不多　□沒收穫

對我們的建議：________________________________

____

____

____

請貼
郵票

11466
台北市內湖區瑞光路 76 巷 65 號 1 樓
秀威資訊科技股份有限公司 收
BOD 數位出版事業部

....

（請沿線對折寄回，謝謝！）

姓　名：＿＿＿＿＿＿＿＿ 年齡：＿＿＿＿ 性別：□女 □男

郵遞區號：□□□□□

地　址：＿＿＿＿＿＿＿＿＿＿＿＿＿＿＿＿

聯絡電話：(日) ＿＿＿＿＿＿＿＿ (夜) ＿＿＿＿＿＿＿＿

E-mail：＿＿＿＿＿＿＿＿＿＿＿＿＿＿＿＿